川口正志▼写真と文

小笠原で暮らしたい！

世界遺産の島で
スローライフを実現する本

言視舎

introduction 「世界遺産」の小笠原で暮らす

東京を出て24時間あまり、船のデッキに出てみると、そこには目に眩しい真っ青な世界が広がっていた。海の色は紺碧に近いブルーで、それは普段見慣れた本州の海の色とは明らかに違う。照りつける太陽も直接肌を焦がす痛いような強さだ。

小笠原諸島は東京から南に約1000キロの太平洋上に浮かぶ大小30余りの島々である。どの島も誕生以来、一度も大陸と繋がったことがなく、世界有数の透明度を誇る海と独自の生態系を持った世界的にも珍しいこの島々は、2011年6月24日、ユネスコの世界自然遺産に登録された。

飛行場がない小笠原諸島は日本で最も遠い場所とも言われる。しかし、実はこの遠さが良い。不便なことはもちろんあるが、日本にいながらにしてまるで海外の島で暮らしているような感覚。圧倒的な自然の中に身を置き、地球の自転を感じながら一日を終える。

あなたがもし、南の島で暮らしたいと思ったなら、一度は検討して損はない場所だろう。

しかし、そういう島での実際の生活について知ることは、なかなか難しい。そこをレポートしたのが本書である。観光ガイドでは知ることのできない生活の実相を読み取っていただければと思う。

目次

島暮らしへの招待

その魅力をあらわすキーワードと島暮らしを実現させるためのノウハウ

まず、小笠原という南の島で暮らすことの魅力をご紹介したい。キーワード風にまとめてみた。

島時間

東京などから島に移り住むと、島の時間が実にゆっくりと流れていることに気がつく。

島の人も実にのんびりとしていて、「我先に……」といった光景は、せいぜいがスーパーの特売日ぐらいに見かけられるだけだろう。それにしたって、都会のそれと比べるならば、実に穏やかなものだといえる。

実際、島の商店に買い物に出かけると、店の人ものんびりとしたもので、場合によっては「すみませ〜ん」と声を掛けないと、誰も出てこない。住居のほうに引っ込んでいて、店には誰もいないといった状況はしばしばある。

これも段々と慣れてくると、果たしてどっちがいいんだろうと思えてくる。都会だと、切符を買うにしろ、スーパーのレジに並ぶにしろ、前の人がつかえているだけで、「早くしろよ！」とイライラし、知らず知らずのうちにストレスを溜めこんでいる。たしかに島の店では、店先に人がいなかったりするかもしれないが、慣れてしまえばそんなことは気にならない。それどころか、買い物に行っただけで、店の人や買い物客と世間話に興じることも多い。島の店は一種の交流の場なのだ。そんなところにも「島時間」がゆっくりと流れているのである。

たしかに「時間」は貴重だ。無意味に時間を浪費するのはもったいないと

母島、夕日をみるポイントで

思う。しかし、時間を節約するために急がなければならない社会は、大変「疲れる」ともいえる。急がされることによって、人は余裕をなくしていく。

島に住むようになって、ジョギングや散策を始めたという人も多い。これは、島の豊かな自然や風景の美しさ、澄んだ空気といったこともあるだろうが、急ぐ必要がない社会に住むことで、時間的・精神的な余裕ができたということの証拠ではないだろうか。

小笠原の父島と母島の西側には夕陽をみる絶好のポイントがある。父島だと「ウェザーステーション」、母島だと「新夕日ヶ丘」と呼ばれるのがその場所だが、夕方、これらの場所を訪れてみると、多くの人びとが夕日をみるためにやって来ていることに驚かされる。日が沈むのはあっという間だが、人びとは日が沈む前から集まってきて、声を発することもなく、静かに一日の終わりを見送る。

一見無駄なようだが、人の生活にとって大切なことは確実に存在する。

島にいると、「自分がいま、どういう位置にいて、何を感じているのかが実感できる」という人も多い。島時間が、自分の生活を見つめなおすきっかけを与えてくれるのだろう。こういう感覚は、金銭に代えられない価値をもつものかもしれない。

自然

島では、仕事と趣味や余暇との区別が少ない暮らしをしている人もいる。日々、都会で仕事に追われている人間からすると、それは「理想の生活」のようにみえるかもしれない。「理想」かどうかは別としても、島ならばそれはかなりの度合いで実現可能だ。

事実、「もっと人間らしい生活」を望んで島に移り住んだという人も多い。島では朝、鳥の囀りや波の音で目覚め、休みの日にはまるで自分の庭のような感覚で海や山で遊ぶことができる。仕事場へ行くのと変わらない感覚で、自然の中に身を投じることができるのである。

子どもたちは、家の中に閉じこもらず、海へ山へ、積極的に屋外へと出かける。

都会では味わえなかった自然と向き合う生活。これは自分と向き合う生活でもある。最初は溢れる自然に戸惑うこともあるかもしれない。もちろん自然は優しいばかりではない。自然を相手に生きることが、いかに厳しいものであるか、思い知らされることもあるだろう。しかし、やがてはそれがどんなに素晴らしい生活であるか、きっと実感できるはずだ。

「わかりやすい」大きさ

「大きさ」とは、島の面積と社会の大きさのことだ。面積はもちろん島によって違うのだが、周りを海に囲まれた島は、人の出入りが物理的に制限され、外部社会と交じり合うことが少ないという独特の環境にある。これが結果として「わかりやすい、把握しやすい」社会を生んだ。

もちろん全島民の把握などは不可能だが、島内で生活していると、必然的に同じ人と何度も顔を合わすことも多くなり、すぐに知り合いが増えるというのが島の特徴だといえる。ということは、自分のこともすぐに知られるということでもある。

また、絶対的な人数が少ないので、町や村の行政が何を考え、何をしようとしているのかが「把握しやすい」ということもいえる。選挙にしろ事業にしろ、1票の重み、1人の行動の重さが、大きな社会のそれとは格段に違う場合もある。それは「やりがい」にもつながるだろうが、少数意見、反対意見が言いにくいという側面も否めない。これは「わかりやすい」がゆえのデメリットかもしれない。

さて、島外から島に移り住んだ人たちは活動的な人が多い。たとえば、ボランティア活動であるとか、島の文化保存、伝統芸能、ガイドなどという活動では、そういった人びとの姿が目をひく。彼らに共通するのは、島が好きで移り住んだということだ。もちろん、島で生まれ育った人で、島好きの人も多い。ただ、島の人にとっては島の風景や自然は生まれた時から「当たり前」にあったものであるのに対して、移住してきた人にとってはそれは、ほかのものと比較し「選んだもの」という違いがある。つまり、総じて移住者のほうが、島に対する思い入れが強い場合が多い（もちろん、島の人の中にもそういう人はいる、念のため）。

移住者が多い島では、これら移住者（小笠原では「新島民」と呼ばれる）の活動によって、伝統文化が復活したり、新しい催し、教室などが開かれたりしている。そういう活動は、元々の島民を巻き込んで行なわれることもあり、島の活性化にもつながっている。これは、個々の人の動きがわかりやすく見えやすい、島ならでは特徴がプラスに働いた顕著なものといえるだろう。

父島の二見港

逆に、社会の小ささについて閉塞感を覚えるという人もたしかにいる。ただ、居心地の良さ悪さは、人との付き合い方によっても、大きく左右される。空間的な狭さだけの問題だと考えないほうがいいだろう。「島で暮らしたい」と思ったら、あまり構えず、否定ではなく認め合うところから始めてほしい。

また、島とはいっても、本州との間には定期船が就航しているので、いざとなったら東京へ出ることも可能だ。閉塞感を感じたら、たまには東京などに出るなり、知人を島に呼ぶなり、生活にある程度変化をつけることも、効果的かもしれない。
島では知らず知らずのうちに知人、友人が増える。世代を超えた人たちと語らう島ライフを堪能してほしい。

島へのアプローチ

島に移り住むにあたって、まず考えなくてはならないのが、住居と仕事の確保だ。いきなり、知らない土地に移り住むという人はいないと思うが、手始めに、島の事情について調べなければならない。

観光のガイドブックでは、なかなか島の暮らしが見えてこないのが実情だ。最近では島発信のホームページなどがあり、島で暮らす人の生の声を、サイトを通じて知ることもできる。中には、自由に書き込める掲示板を持ったサイトもあって、初めて島に行くという人にも、島の人が島の事情や観光スポットなど、丁寧に答えている。

もちろん最終的には、実際に島に行き、自分の目で確かめてみることをおすすめする。本気で島に住みたいと思ったら、ぜひとも島の人と実際に話してみることだ。島の人は総じて親切な人が多いという印象がある。事実、筆者がある島を取材していたところ、島の方（ご婦人）に、
「あなた、ここに住みたいの？　もし、本気で住みたいなら、話をしてあげるわよ」
と言われ、驚いた。

タイミングの問題もあるのだが、こういうことがきっかけで島に移り住んだという人も多い。「住みたい」という意志を言葉に出してみるのは、重要なポイントだ。

島の人間になるパターンとしては、観光客からリピーター、そして島民というのが、もっとも多い。ということで、実際に島に通い出すと、前述のとおり島での知り合いはすぐに増える。自分から言い出すより先に、「そんなに島が好きだったら、島に住めば？」などと島の人に言われることもあるかもしれない。だからといって、すぐに仕事や住居が確保できるという保障はないが、意外なツテがあるかもしれないので、わからないこと、知りたいことは、どんどん聞いたほうがいいと思う。

観光シーズンだけではなく、いろいろな季節に島を訪れてほしい。季節ごとに違う島の表情や暮らしが実感でき、より深く島を知ることができる。

住居と仕事、まずどちらを確保しなくてはならないかというと、基本的に

は仕事を確保したほうがいい。というのは、住居の場合、仕事先などを通じて紹介されることも多いからだ。常識的に考えて、島での身元がはっきりしない人には、家や部屋を貸したり、土地を売るということは考えられない、ということもある。

父島、清瀬地区の住宅街

仮に不動産会社などを通じて住まいが借りられたとしても、その後、仕事が見つからなければ、島で生活すること自体が不可能になってくる恐れもある。展望をもって、焦らず慎重にことを運んでほしい。

ただ、たとえば年金で生活するとか、仕事は東京などの企業を相手に、生活は島でといった場合もあるだろう。そういったケースでは、島で仕事を見つける必要性はないわけだが、その場合も不動産会社や、島の家や部屋を貸してくれる人に対し、きちんと説明し、信用してもらうことが大切だ。

引越し

島で仕事や住居が確保できたら、いよいよ引越しだ。業者に頼んでも、個人で行なってもいいと思うが、特徴的なのは島の場合、港から荷物を貨物船に乗せ替えて、島の自宅まで運ばなければならないという点。引越し業者の多くは、島への引越しでもきちんと対応してくれるが、個人の場合は、荷物を東京の港まで運ぶこと、そこから貨物船で島に運ぶこと、陸揚げしてから自宅まで荷物を運ぶこと、これらをすべて考えなくてはならない。このへんが、地続きではない島の引越しの大変さだ。

おすすめは、業者に委託する方法だが、ここにも注意点がある。船に積む際、荷物はコンテナに入れられることになるが、コンテナひとつを丸ごと使ってしまうと、それだけでかなりの料金になる。そこでおすすめなのが「混積」という方法。これは荷物をすべて同じコンテナに積むのではなく、ほかの荷物と同じように、バラバラにいくつかのコンテナに積む。これだけで料金は安くなる。

どういう方法を使うにせよ、荷物を運ぶ際には、わからなくならないように宛名をしっかり書き、きちんと個数を数えておくことが必要だ。

島での新生活を始めるにあたって、手続きは東京などのそれと差はない。生活で必要なもので事前に予想がつくものは島に行く前に購入し、引越しの時、一緒に島に持って行ったほうがいい。というのは、実際、島に移り住んでから気づいても、島にないものであれば、また東京などから取り寄せなければならず、時間がかかるからだ（大きな島では、生活に必要なものは、ほぼ揃っている。ただし、あまり選択肢はないと考えてほしい）。こだわりがある物については、事前に入手を。

島で就職する場合

島に移り住む人は、大きく分けて2つに分類される。島で就職する人と、自ら商売を始める、つまり自営業の人の2つだ。まずは、就職する場合について——。

最近は、「島でこういうことをやりたい」という明確なビジョンを持った人が多く、以前のような「行けば何とかなる」という場当たり的な考えの人は減った。事前に島での就職先を探し、島外からアプローチをかけ、仕事を確保したうえで移り住む、という確実な方法を選ぶ人が多い。

事実、島は小さな社会で流動性も高くないので、どの島でも就職先を探すのは容易ではない。ある程度の時間とタイミングの勝負となる。また、職種もそれほど沢山のものがあるわけではないので、職種に対する強いこだわりがあったりすると、窓口はさらに狭いものとなる。

また、アルバイト、パートも含めて、従業員、職員募集などの広告は非常に少なく、島では口コミが主流。よほど多数の募集でなければ、島外のメディアに募集告知が出ることは少ない。ただし、島によって役場のホームページ内に職員募集の告知があったり、個人、あるいは地元商工会などのホームページで、島のアルバイト情報などを掲載している場合もある。しかし、これもまずは島内で人を確保しようとするので、よほどいいタイミングでないと難しいと思ったほうがいいだろう。

参考までに、島で募集が多い業種は、定期的に職員募集を行なう役場のほかに、スーパー、土木関係、スナックなどの飲食店や、観光シーズンのホテル、土産物屋、レンタカー業者などだ。

アルバイト、パートの時給に関しては、どの島でも一部スナックなどの従業員や土木関係の仕事を除くと平均800円前後。1000円を超えるものは少ない。

自営業の場合

一方の自営業だが、これは「島の内側を向いて仕事をする」か、「島の外側を向いて仕事をするか」によって大きな違いがある。

まず、「島の内側を向いて仕事をする」というのは、島の住人をお客さんにする仕事、島の人相手の商売だ。既存の商売に新規参入する場合と、それまで島にはなかった商売を始める、いわゆる「隙間産業」の場合があるが、これは後者のほうが圧倒的に多い。島外から島に来ると、東京などには当然あるものが島にはないということに気づく。「こういうものがあったらいいな」というものは、ある程度、商売になる可能性がある。そういう意味では、島はなんでも揃った都会よりもより「隙間」がいっぱいある。

ただ、商売を始めるというのは、やはり冒険であり、ある程度、経験やノウハウを持っていないと難しい。加えて人口の面で、島は東京などの都会よりキャパが小さいことも考慮しなければならない。東京の方法をそのまま移入するのではなく、ある程度、島の内情や人々の考えに基づいてマーケティングしなければ、失敗する可能性もある。島に移っていきなり商売を始めるのではなく、調査期間のようなものも必要かもしれない。実際、島でショップなどを始めた人でも、そのほかに副業を持っている人も多い。規模が小さい社会で商売を成り立たせるには、相当の努力が必要だということを覚悟しておいてほしい。

既存の商売に関しては、かなり難しいといわざるをえない。島にはすでに、島の人びとに必要な商店や飲食店などは揃っており、よほど特徴を出すか、上手く宣伝をしないと、なかなか受け入れられない。この場合も、島事情に通じていることは前提となる。

そして、もうひとつの「島の外側を向いて仕事をする」だが、この中で圧倒的な数を占めるのが観光関連の職業だ。ダイビングショップ、ペンション、ガイドなど、観光地でもある島で、一番「考えやすい」仕事だといえよう。島にもよるが、大体どの島でも、これらの職業への新規参入者は増加傾向にあり、特徴を持ったショップなども増えてきた。ただ、島への観光客数が爆発的に増えることはないので、問題はどれだけお客さんを確保できるかになる。宣伝はもちろんだが、島でのネットワークつくりが鍵となる場合も多い。

また、もうひとつの選択肢として「島発信」という方法もある。これはライターやカメラマンなどが、島に住んで島の情報などを内地に発信するというパターンだ。ある程度の技術を身に付けている必要があり、誰もができるというわけではないが、仕事は東京などにあるマスコミと行なう。副業を持ちながらできるというメリットもあるが、当然、マスコミなどにコネクションを持っていることと、写真や文章を求める需要があることが鍵だ。東京などで長く仕事をしていて島に移り住んだ人や、長く島に住んでいて島の事情や撮影ポイントなどを熟知している人が、そういった仕事をしている。

島の住宅事情

住宅事情は島によって状況が違うが、小笠原両島でも一番の情報は口コミだ。不動産会社がない小笠原では、人を介しての紹介という形で、家の持ち主や管理している人と直接交渉することになる。父島だと空家に入居者募集の張り紙がされていることもたまにあるが、やはり人に聞いてみるのが一番手っ取り早い。

島では、東京などと比べ物件が少ないうえ、家や土地を売りたがらないという風潮がある。今は空家や空き地になっていても、先祖代々守ってきたからとか、やがて子どもが帰ってくるかもしれないといった理由で、そのままになっているところも多い。そのため、人の出入りが少ない小さい島での物件は非常に少なく、こういう島で住居を確保するのは大変厳しくなっている。

小笠原両島には都営の住宅（島の人は略して「とじゅう」という）があり、民間の賃貸住宅に比べ、賃料が安く人気があるが、これらの住宅に入居するためには、入居資格と毎年の入居希望者受付期間という条件がある。

入居資格には、島の居住期間、所得、税金の滞納がないなど、さまざまな条件がある。住宅の形態（単身用、家族用、高齢者向けなど）によって条件も違ってくる。入居希望者が多い場合は、抽選になる。家賃は、東京などにある公団住宅などと同じく所得により算定され、広さなどにも左右されるが、総じて民間の住宅よりは安い。資格、募集期間等の詳細については、島の役場が発行する広報誌や、管轄する課の窓口などで確認してほしい。

また、小笠原には民間の賃貸アパートもあるが、いつでも借りられるわけではないので、事前に島の人、あるいは業者と連絡を取り、タイミングを計る必要がある。

島で土地を購入し、家を建てようとする場合だが、これも分譲地として売り出されているところは少ない。島で情報を集め、地主や業者と交渉するしかないのだが、先に述べたとおり売りに出る土地じたい、あまり多くない。そのうえ、宅地用ではなく、山林や農地も多く、宅地化のための整備、上下水道の設置、電力の供給など、実際そこに住めるようになるまでには時間がかかることもある。島に移り住んだ人の多くも、借りられるところをまずは借りておいて、数年後に土地を購入し、住居を建てているようだ。

家を建てる場合、さらに考えなくてはならないのが輸送の問題だ。仮に海外などから安いキットハウス（組み立てる寸前の材料を買って自分で組み立てる家）を購入するにしろ、島はとにかく輸送費がかかる。家じたいの値段にプラスして、輸送費も考えておかなくてはならない。また、島にいる大工さんの数は決して多くないので、基本的には時間はかかると考えていい。特に台風などの災害後には、家の修理や補修などが立て込むため、待たされることも多いようだ。

島の物価

島の物価は高い。

これは流通の問題が大きく作用している。周りが海である島は陸路輸送ができず、生活物資はすべて船による輸送に頼っている。また、絶対的な人口が少ないため、大量消費というわけにもいかず、生ものなど長期保存ができないものを中心に、少ない量をこまめに運ぶしかない。東京などと比べ競争相手も少なく、低価格化競争もそれほど熾烈ではないため、島にないものは押しなべて高い傾向にある。

「島なら魚は安い」という考えは幻想だ。漁師などの知り合いがいる場合、安い値段で手に入ることもあるようだが、高値で取引されるものは東京などに売りに出されている。島内でも一度、流通に乗ってしまえば、当然、商品として普通の値段になってしまうわけで、新鮮ではあるが、本州の海寄りの土地で安く魚を売っている感覚とはかなり違う。また、島で獲れる魚は種類がほぼ決まっていて、マグロなど島では獲れない魚などは築地市場から入手している。こうした流通の過程を考えると、物価が高いのも頷ける。

　では、ほかのものはどうだろう?

　島に住んでいてもっとも「高いな〜」と感じるのがガソリンだ。島で暮らしていると必然的に車が必要になってくる。しかし、ガソリンは当然、東京から貨物船などを使って運ばれて来るため、東京と比べかなり割高。値段は各島によって開きがあるが、大体、東京からの距離と流通の事情により、その値段が決まっている。つまり、小笠原はかなり高い。一度、ひとつの島に寄り、そこで別の船に乗せ換えたりすればさらに高くなる。小笠原では1リットル200円以上する。

　最近は島でも、通販やインターネットで物を買う人が増えてきた。しかし、これも送料は高い。「北海道、沖縄、一部離島を除く」という但し書きにいわれるとおり、小笠原はこの「離島」という項目に入ってしまうためだ。

　ただ、これはアイデア次第で回避できることもある。たとえば「〜円以上、お買い上げの場合は全国どこでも送料無料」であるとか、「キャンペーン中は送料無料」など、特典を設けているところがある。こういうのを上手く利用すれば、本州にいるのと変わらない感覚で、物を購入できる。

　通常、送料の計算は、体積ではなく重量で換算される。コンピュータなど小さくても重いものは高いので、積極的にこういうキャンペーンを利用すること、送料のかからない店を探すことをおすすめする。

島ではお金がかからない

　さて「島の物価は高い」と書いたが、島に住む多くの人が「島はお金がかからない」とも言う。これはなんでだろう? 相反することのように思われるかもしれないが、たしかに島では、あまりお金がかからない。

　一番の理由は交通費を含めた交際費。島の場合、これが本当にかからない。

　東京などの大都市にいると、たとえば誰かに会わなくてはならない場合、当然、電車やバスなどの公共機関を使って移動する。1件あたりの金額が少ないので気にならないことが多いが、よく考えてみると、これが意外にお金がかかっている。いっぽう島の場合、移動は自家用車で、移動距離も5キロ未満がほとんどだ。島には渋滞もなく、車に乗っている時間は長くても20分以内（島や個人によって多少違う）。ガソリン代はたしかに高いが、保険料の安さ（自賠責保険は東京の約半額）や絶対的な移動距離を考えると、毎日電車などに乗ったりしない島では、移動にかかるお金は総じて少ないといえる。

人が集まる場合でも、島の場合は個人宅が中心。店に行く必要が少ないから、これも外食が多い都会とは違ってお金がかからない。

また、一部の人からだが、「島では、着るものにもさほど気を使わなくていい」という意見も聞いた。個人差があるとは思うが、たしかに小笠原などの暖かい島では、コートは不要だ。

乱暴な言い方をすれば、「お金を使いたくても、使うところがない」ということかもしれない。頻繁に東京との間を行き来すれば、お金はかかるが、島にいる限り、さほど多くのお金は必要なさそうだ。

島は閉鎖的か?

島は閉鎖的ではないと思う。

というのは、「余所者は絶対に受け入れない」というような風潮は、どの島でも感じなかったからだ。ただ東京と比べ、人と人の付き合いが極めて密という印象は受けた。これは、都会と比べると圧倒的に小さな社会によるもの。だから、島の中で何か目立つことをすれば、あっと言う間に広がるし、場合によっては叩かれることもある。しかし、これはどこでも同じで、叩く人がいれば賛同してくれる人もいる。

ただし、島暮らしの魅力は多々あるが、生活することには当然厳しい側面もあることを認識していただきたい。

島に移り住みたいという人の中には、島を「別天地」のように思っている人もいるかもしれないが、現実はそんなに甘くない。島の多くは観光地であり、これらの島に観光で訪れ、魅せられた人もいるだろう。しかし、観光で訪れるのと住むのとは違うことを、よくよく考えてほしい。

たとえば、島に移り住むにあたって、誰もが考えるのが安易な観光業への新規参入だ。が、これは既存の企業やショップにしてみれば、明らかに「商売敵」の新たな登場にあたる。そのなかで、地元の協力を得るためには、それ相応の努力と独創性が必要になる。

取材した多くの人に、「島に住みたいという人に何かアドバイスを」とお願いしたところ、つぎのような答えが多かった。

「島に多くの期待を持ってはいけな

い」
「あまり力を入れないこと」
「臨機応変に」

　生活する場という意味では、島も東京も変わらない。人付き合いを上手にこなして、初めて島の一員になることができるのである。

　さて、「人の付き合いが極めて密」と書いたが、これをプラスに取るか、マイナスに取るかで、島の印象は大きく変わる。

　島によって微妙に違うが、中には「親しくなれば毎日でも会って……」という付き合いを望まれる場合もある。もちろんこれが煩わしいという人もいるのだが、気が合えば、お互いに家を行き来する家族同様の付き合いができ、島の情報や生活の仕方、人や仕事、住居の紹介など、心強い味方になってくれる。

　多くの人に顔を知られることによって、安全性も保たれる。最近は子どもを狙った悪質な事件が増えているが、島では地域社会全体が「警察」。知らない人がいればすぐにわかるうえ、他人の子どもでも顔を知っていれば、何かと面倒を見てくれるからだ。

　さらに、小さな社会ゆえの特徴として、賛同する人がいれば驚くほど簡単に事業やイベントなどができる。これは、特に島の女性社会に顕著な動きで、子どもを抱えるお母さんたちや婦人会が中心となって、イベントを企画したり、何かを教える教室を始めたりといった具合。東京などだと場所の確保、資格の問題、既存のものへの配慮など、さまざまな問題があるが、島では資格や特技を持っていると「教えて欲しい」といった要望が出ることも多い。場所の確保に関しても、島の人の協力を得て、個人宅や島の公民館、体育館などを使って意外と簡単に立ち上げることができる。

　島に馴染んできたら、積極的にコミュニティに参加し、機会があれば思いついたことなど、気軽に話してみてほしい。文化的な事業なら、島の行政が動く場合も考えられる。

島から島へ

　島の位置については、次のページの地図を参考にしてほしい。飛行場がない小笠原で、島と東京を結ぶのは船。玄関口は父島の二見港となる。

　父島～母島間には「ははじま丸」という船が運航しており、母島に行く場合は父島で船を乗り継ぐこととなる。「ははじま丸」の運航スケジュールは

「おがさわら丸」のスケジュールに合わせてあるため、東京から母島に行く場合でも、逆に母島から東京に出る場合でも同日に乗り継げるようになっている。ただし、「ははじま丸」は乗船予約ができないことや、天候不良による欠航なども考えられるため、事前に運行状況を確認し、余裕を持ったスケジュールを組んでおくことをお勧めする。

父島と母島を比較すると、父島のほうが人口も多く、商店なども充実していることから、母島に住んでいる人が足りないものなどを父島に買いに行くといったケースが多い。

逆に父島から母島を訪ねるのは、仕事の関係や友人がいて会いに行くというケースがあるが、その他の用事で訪れる人はまずいない。

また、小笠原諸島と東京の間には伊

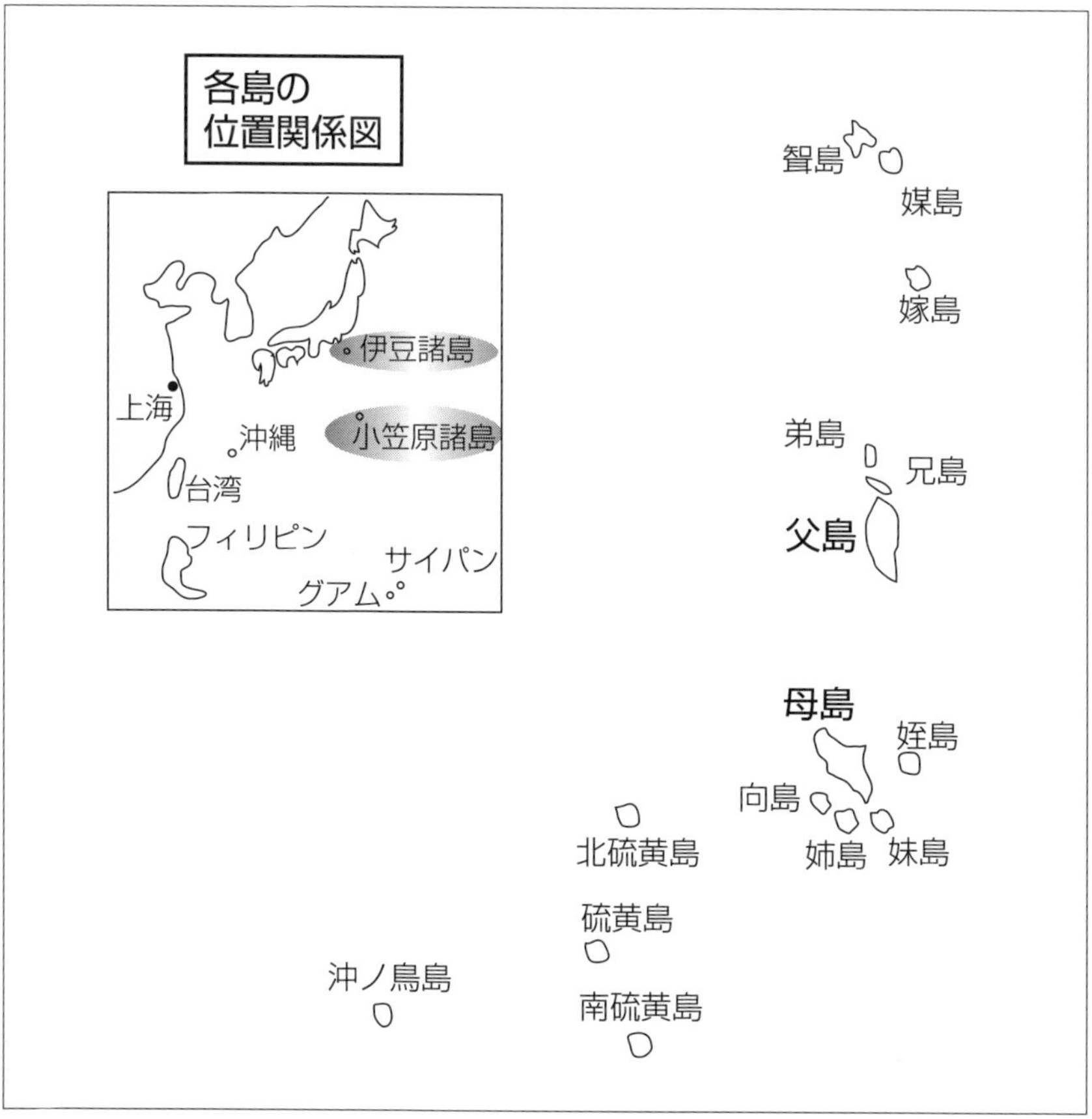

豆諸島があるが、「おがさわら丸」は東京と父島をダイレクトに結んでいるため、小笠原両島から他の島に行く場合は東京まで行き、船か飛行機に乗り換える必要がある。

年に一回、八丈島に寄港する便があるが、これは小笠原と八丈島の交流目的で始まったものなので、乗船券の入手はいずれかの島の住民であることが条件となる。

小笠原への移住を考える人へ

意外かもしれないが、現地の人によると小笠原は出入りの激しい島で、新たに島に住みつく人も多い半面、出て行く人も多いという。そのせいもあるのか、小笠原はつい最近ユネスコの世界自然遺産に登録されたが、これについても島民の間では賛否両論あったそうだ。

観光ということでいえば、世界遺産登録によって確かに小笠原の知名度は上がり、観光客も増加しているという。これは喜ばしいことだが、しかし反面、貴重な生態系を守るためには、より規制を厳しくしなければならないということがある。これは、仕方のないこととはいえ、小笠原の自然に魅せられ移住した人たちにとって、その楽しみが減じてしまうことを意味する。自然保護等いろいろな立場での反対意見があったということだ。

また、大勢の観光客を受け入れるために新たな施設の建設、道路や港湾の整備、今までより頻繁にホエールウォッチングなどの観光船を出すといったことも考えられる。そうした開発が進むと、小笠原の手つかずの自然が危うくなりかねない。世界遺産に選ばれた環境に逆行することになる。

これは観光地の宿命だろうが、その土地の価値を守りつつ、観光とのバランスをとっていくことが必要だ。そのことを踏まえて移住を考えていただきたい。

現在、小笠原に住む人は日本返還後、他の土地から移住してきた人たちが多い。小笠原に興味を持ち、この本を読んでくださっている方々のいわば〝先輩〟にあたる。

そういう人たちがどのような暮らしをしているのかを知ることは、移住後の生活をイメージするのに役立つはず。次の章の「本音ルポ」を参考にしてほしい（年齢は取材時のものです）。

小笠原

ogasawara

父島

位置▶東京から南に984km　緯度は沖縄とほぼ一緒

面積▶23.80平方km

島を一周する道路はない

人口▶約2,000人

集落は、最も多くの人が住む「大村」「清瀬」「奥村」と、少し離れた「境浦」「小曲」など

年平均気温▶23.0℃

年平均湿度▶78%

年降水量▶1261.0ml（すべて小笠原諸島としての気象データ）

母島

位置▶東京から南に1033km　父島からは49km

面積▶20.21平方km

道路は島を南北に貫く1本と、乳房山へと至る周遊道路がある

人口▶約460人

集落は港がある「元地」のみ

年平均気温、年平均湿度、年降水量については、父島と併せた小笠原諸島全体のデータとして発表されている

※写真は父島

小笠原暮らし方ガイド

父島、母島――住宅、仕事さがしから教育環境まで

小笠原諸島とは、東京から南へ約1000㎞、太平洋上に散在する30余りの島々の総称だ。細かく分類すると、北から聟島（ケータ）列島、父島列島、母島列島、火山（硫黄）列島の4つの列島と、3つの孤立島（西之島、南鳥島、沖ノ鳥島）からなっている。

現在、自衛隊と米軍が駐屯する硫黄島を除くと、民間人が居住している島は「父島」と「母島」の2つで、人口は2島併せて2484人（父島2020人、母島464人、2011年1月1日調べ）で、ほかの島と違い微増傾

小笠原（父島）

東京に出るのにかかる時間＆料金

小笠原海運(株)「おがさわら丸」

25時間半

大人　22,000円台～27,000円台（2等片道）

島民割引や団体割引などの割引がある。小笠原ホエールウォッチング協会会員になると、適用期間内の乗船に限り運賃が割引になる。

●母島へ

伊豆諸島開発（株）「ははじま丸」

2時間

2等片道　大人4,200円台～4,500円台

小人2,100円台～2,200円台

（おがさわら丸、ははじま丸とも月によって料金が変わるので、乗船前は必ず確認を）

向にある。

気候は亜熱帯海洋性気候で温暖多湿。年平均気温は23℃、冬季でも18℃ほどで、雪や霜を見ることはない。

小笠原には飛行場がないため、本州との連絡は船のみ。小笠原海運（株）の定期連絡船「おがさわら丸」（小笠原の人は親しみを込めて「おがまる」と呼ぶ）と「共勝丸《きょうしょうまる》」が父島、二見港と東京との間を連絡している。

ちなみに共勝丸は、小笠原に生活物資建築資材、車両などの重量物を運ぶ不定期の貨物船だが、定員9名の旅客設備があり、人も乗ることができる。ただし、誰でも乗れるということではなく、基本的に小笠原在住者か、緊急の場合に限られる。

（株）共勝丸
ttp://www1.odn.ne.jp/kyoshomaru/

父島

父島は小笠原の玄関口にあたる島で、小笠原諸島の中にある父島列島に属する。東京からの船はこの父島の二見港に入港する。東京からの距離は９８４km。面積23・8km²。

島の雰囲気は、南の島を十分感じさせるもので、開放感に溢れている。青い空と透き通るような海の色が、ここが日本だということを忘れさせてくれる。

近年は、ホエールウォッチングなど、シーズンを問わず観光客がやってくることもあって、観光客相手の商売も盛んだ。港に船が着く日には、大勢の人が港に出迎えにやってくる。

◉意外に出入りの多い島

小笠原がほかの島と決定的に違うのが、この「開放感」だろう。これは、第2次世界大戦後の米軍統治により、元々島に住んでいた人が島外へと移住させられ、島の歴史が寸断している影響が大きい。つまり、島に住む人のほとんどが、日本への返還（１９６８年［昭和43年］）後、島外から移住してきた人なのだ。

現在、島のコミュニティは若い人を中心に、観光業を軸として形成されており、夏場の忙しい時期のみ島にやってくるアルバイトの人たちを含めたネットワークになっている。いずれも小笠原が気に入り移り住んだ、あるいは通っている人たちなので、もし、小笠原が好きで住みたいと思っているならば、比較的入っていきやすいコミュニティだろう。総じて肩に力の入っていない穏やかな人が多く、南の島の生活を楽しむという雰囲気に溢れている。

同時に父島は、意外に出入りの多い島でもある。入りやすい代わりに出やすいというか、構えない代わりに「ここに骨をうずめる」という人も少ない。しばらくいてまた違う地に移って行ったり、何年かしてまた島へと戻って来るという人も多い。

◉生活自体を楽しむ

人びとは仕事や趣味を通じて結びついているが、島の中心になる観光業などは上手く協力し合い、諍いなくやっているといった印象。あちこち旅をしてきたという人も多く、人付き合いはなかなか上手い。構えず入っていけ、ある意味「都会的」といっていいのかもしれない。実際、取材中、宿泊していた民宿で人を紹介され、その人がまた次の人をという感じで、あっという間に大勢の人と知り合うことができた。過去にいろいろなことをやってきた経験豊かな人が多く、楽しめる。

島にないものを発想、構築する人もいる。島の伝統文化復活や今までは島外から取り寄せなければならなかったものを自ら作り出す、バイタリティ溢れる活動的な人が多いのも、この島の特徴だ。

いずれも、東京に出る不便さを承知のうえで島を選んだ人たちなので、島に対して否定的な意見を言う人は少なく、豊かな自然と島での生活自体を楽しもうという気持ちを持っている人が多い。以下は、主なサークル
・南洋踊り保存会（東京都無形文化）：古くから島に伝わるハワイやマリアナ諸島などから伝来したとされる踊り。
・フラ：フラダンスのサークル。島でもっとも人気のあるサークルで、10 0人以上の人が参加している。
・小笠原太鼓：島には2つのサークルがある。もともとは開拓当初に八丈島から伝わり、祭りや祝いの席で叩かれる。
・八星流太鼓
・ぼにん囃子：「おがさわら丸」出航時や祭りで叩く小笠原の太鼓。
・琴友会
・スイングブロー（ジャズ）
・小笠原凧保存会
・七宝焼きサークル

◉父島の地理と交通事情

島の主な地区は、大きく分けて大村《おおむら》地区と、宮之浜《みやのはま》、清瀬《きよせ》、奥村《おくむら》地区、境浦《さかいうら》、扇浦《おうぎうら》、小曲《こまがり》、小港《こみなと》地区の

3つで、島の北部と北西部海岸近くに固まっている。

中でも東京からの船が着く二見港がある大村地区は島の中心的な場所で、役場、郵便局、商店、飲食店、民宿など、島で一番にぎやかなところだ。

全体的に見ると集落になっている地域は、島の全体の面積の3分の1ほどのエリアで、それ以外の場所は、まだ人の手があまり入っていない自然が広がっている。

島を一周できる道路はなく、奥村を基点とする周遊道路も、西側の海岸線から島の中央部分にある扇浦で東に進路を変え、島の中央に連なる中央山、夜明山などを経由して再び奥村へと戻る。なお、小曲地区から奥村地区までの山間部に集落はない。

島内の交通は、ほかの島と同じく自家用車やオートバイなどが中心だが、観光地を含め、島の主なところは村営バスが結んでいる。料金は一律大人200円、小人100円。1時間に1本ほどで、朝7時過ぎから夜7時くらいまで運行している。

島で自家用車を手に入れる方法は、島の人から中古車を譲り受けるか、インターネットや電話で東京などのショップに問い合わせ、送ってもらうなど。

乗用車の輸送費は軽自動車で3万7000円、普通乗用車は1600cc未満4万円、1600cc以上が4万4500円となる［(株)共勝丸、04年2月20日現在］。

ガソリン代は輸送費の関係で高く、1リットル200円以上。

免許証は父島でも取ることができる。原付免許試験は年に4回、その他の免許試験は2年に1回のペースで行なわれている。ただし、免許取得希望者が少なければ実施を見送る年もあるとのこと。事前に確認してほしい。

◉父島の人気エリア

父島で最近人気があるのが小曲エリアだ。一番便利なのは商店が多い大村地区なのだが、観光化が進み、ショップが建ち並ぶこのエリアを嫌い、もっと自然に近いところで生活を望む人も多く、夜、周りを気にすることなく音楽を楽しめるといった理由から、若い人を中心にアーチスト系の人が多く住んでいる。

ものを作っている人も多く、本音ルポで取り上げた豆腐、ガラス工房のほか、小笠原の天然塩の製造所もこの近くにある。

大村地区からは村営のバスでも20分とかからない距離で、周りは森に囲まれた静かな環境。夜は満天の星空が美

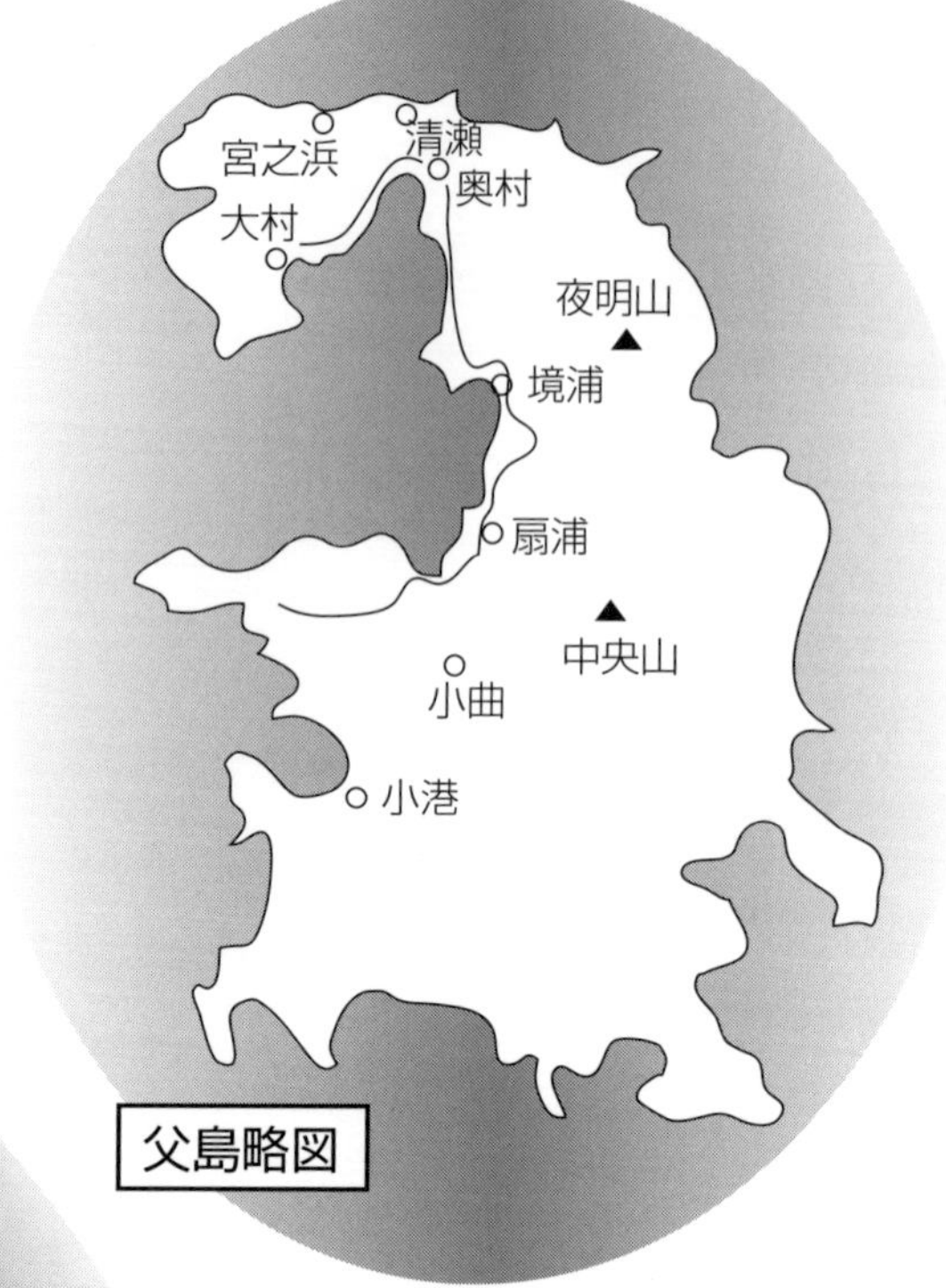

父島略図

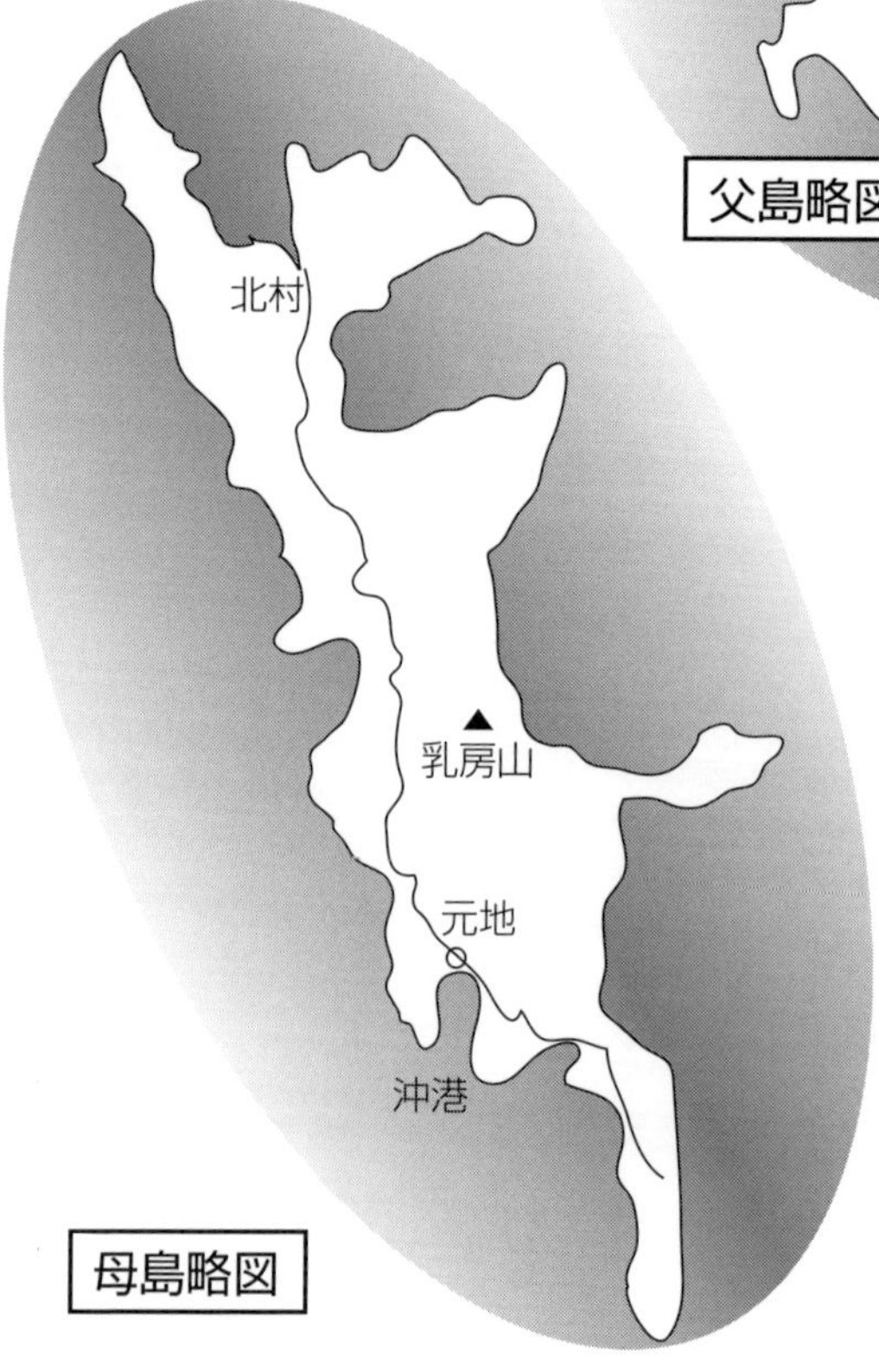

母島略図

しい。この地区には民間のアパートもあり、夜になると時々、住民同士で料理や酒を持ち寄り、飲み会なども行なわれている。住民たちの間では「アパッチ村」との愛称もある。

小曲地区と対照的に、都会の分譲住宅地のような景観が広がるのが、大村地区の北側にある清瀬地区だ。島の「ビバリーヒルズ」。きちんと区画整理された中に整然と家々が並ぶ様子は、他の地区と一線を画す。大村には近いので生活するには便利だ。

大村地区には多くの商店や飲食店があり、島の生活に欠かせない場所となっている。集落自体はそれほど大きくなく、歩いても十分回ることのできる広さ。

◉家探し

父島の人の出入りはけっこう激しく、移住する人も多いが、出て行く人も多い。そのため、住居の空きは、都営、民間問わず、タイミングの勝負となる。

父島には民間のアパートがいくつかあるが、不動産会社はないため、持ち主を紹介してもらい、直接交渉することになる。

家賃は高く、相場は6～8畳の1Kで7～8万。数もさほど多くないので、自分が希望する物件と出会うのは大変だ。とりあえずどこか借りられるところを借りておいて、いいところが見つかれば、また島内で引越しするのも手だろう。

もっとも人気があるのは、その家賃の安さから都営住宅（都住、正式名称は小笠原住宅）。比較的便利な場所にあるうえ、設備も整っており、入居希望者の募集があると応募者が殺到する。申し込みは「申し込み時に小笠原に居住している者」などの入居資格があり、抽選が行なわれる。ただ、抽選といってもそれで決まるのは優先順位のみ。住宅に空きが出た場合、この優先順位の高い人から入居できるというシステムだ。申し込み期間と抽選日は毎年変わるので、詳しいことは東京都小笠原支庁土木課住宅係へ。

土地自体、決して安くはなく、売り地も少ない。これはほかの島と同じように、あまり土地を売りたがらない風潮があるうえ、国有地が多いことなどによる。私有地も大規模な土地が多く、小売りをしたがらない。また、集落以外の土地には上下水道設備はなく、これも自分でなんとかしなければならない。加えて、東京から遠い小笠原では、上物の建設の場合も建設費以上に輸送費がかかるということを頭に入れておこう。

◉職探し

家探しもそうだが、職さがしの場合も、父島では口コミが主な情報源となる。よって、何もツテがない状態で島に行くと、職探しには苦労する。観光地ならではのアルバイトなどはあり、小笠原関係のホームページには、たまにアルバイト情報なども載っているが、これもまずは島に住んでいる人から埋まっていく。島に行っていきなりというのは、難しいと思っていいだろう。

それでも「いきなり行って、なんとかなりそう」なのは、男性の場合で土木関係、女性では水商売系の仕事だ。ただ、ある程度は島にコネクションをもって情報を入手していないと、長く続けられる仕事や会社の正社員というのは難しい。

そんな環境のなかで、父島に移住し、島の生活に慣れてきた人を中心に、新しい仕事を自らつくり出す人も多い。先の「島暮らしへの招待」の中でも書いたが、特に小笠原は、島にないものをつくり出せる「隙間」が数多くある。成功すれば島の人にも喜ばれるうえ、自身の生活もある程度、安定するはず。そういうことがやりやすい環境であるともいえる。

◉父島の教育&医療

島内には小笠原小学校、小笠原中学校、都立小笠原高校がある。いずれも大村、奥村地区に位置するが人数は少なく、小学校138名、中学校43名。高校は3学年併せて59名（2011年度データ）。

保育園、診療所も1つずつある。

島での医療に関しては、歯科を含む全科に対応しているが、眼科、耳鼻科などの専門科は、東京から専門の医師が来島して診察する。出産もほとんどの人が島外で。これは島の診療所では、蘇生装置、輸血用の血液など、設備が満足とはいえないためだ。

診療所で対応できない救急の患者は、ヘリコプターで小笠原南方に位置する硫黄島（一般人の立ち入りは禁止、自衛隊が駐屯している）に運び、そこから飛行機で東京都内の病院へと搬送する。

高齢者介護については、高齢者在宅サービスセンターと地域福祉センター（社会福祉法人　明老会）があり、訪問介護や通所介護、短期入所など幅広く対応している。

◉通信など

小笠原では、海底光ケーブル経由で地上波デジタルのテレビ放送を見ることができる。

テレビを見るには、村営の「小笠原村ケーブルテレビ」に加入する必要がある。村にケーブルテレビの利用を申込み、施設負担金として1万円を支払う。

また、テレビを視聴するために必要な機器（V-ONU）が設置されていない場合、これも併せて村に設置の申込をする。

ケーブルテレビの月額利用料は１５００円だが、ＮＨＫの受信料支払いは個別に行なう。

「小笠原村テレビ視聴管理組合」の組合員の場合は、組合費を払っている年数によって月額利用料が変わるので、詳しくは村役場に問い合わせてほしい。

テレビも含めて、小笠原では電話も衛星を使用している。インターネットに関しては、以前はアナログ回線でＩＳＤＮなどを使用していたが、２０１1年に八丈島からの海底光ケーブルが設置され、現在は父、母両島で光ケーブルによるネット接続が可能だ。

携帯電話に関しては、ＮＴＴ DoCoMo の mova は音声通話のみ、FOMA はプラスエリア対応機種のみメールの送受信、ｉモードが使える。FOMA でプラスエリア対応機種以外の携帯電話だと通話もできない。au は全ての機種で通話、メールの送受信、EZWeb が使える。Softbank も既に父島に電波塔を立てられていて、２０１1年夏に父島、秋には母島でも使用可能となるという話である。

◉生活情報

「金融」については、七島信用組合と郵便局、農協がある。「運輸」関係は、「おがさわら丸」のコンテナを確保しているため、ヤマト運輸（株）を使うのが一番安い。

商店は、土産物店を含むほとんどの店が、大村地区やその近くに集中している。

食料品店は大村地区にある「スーパー小祝」やＪＡ、生協などのほか、三津ストアー（清瀬）など。薬局も「なんでも館アサヒ薬局」がメインストリートにあるほか、観光客にも人気のベーカリー「ローカルベーカリー」が宮之浜にある。

飲食店、居酒屋も大村地区にたくさんあり、寿司、中華、喫茶&軽食、イタリアン、韓国料理など種類は豊富だ。

ただ、多くの飲食店は昼食時と夜の2回に分けて営業するので、午後2時過ぎになると休みになることが多い。タイミングを外すと食べるところがなくなるので注意。

小笠原で特徴的な食べ物は亀料理。島の居酒屋や寿司店などで食べることができる。また、ワサビの代わりにカラシを使った島寿司もある。南洋ならではのフルーツや母島で生産されるラム酒も有名。

◉祭り&イベント

伝統的なものでは先に紹介した「南洋踊り」で、その名のとおり、過去に南洋の島々から伝わったとされる。腰蓑をつけたハワイのフラダンスのようないでたちで、タマナの木をくり抜いた「KAKA」という楽器の演奏とともに、歌いながら踊る。歌われる歌は一部、日本語に翻訳されたものもあるが、多くは独特の言葉によって構成され、今のところ何語かもわかっていない。小笠原返還記念祭や水天宮の祭りなどで催される。

同じく「フラ」も人気があり、こちらは過去に伝来したものではなく、完璧にハワイの「フラ」。ハワイでフラを習った山口真名美さんが教えていて、サマーフェスティバルなどで披露している。

海開きは日本一早い1月1日（元旦）だ。

以下、父島の主な祭り

・パッション祭（6月中旬）
・小笠原貞頼神社例大祭（7月26日）
・サマーフェスティバル（8月中旬）
・大神山神社例大祭（11月2～3日）
・カウントダウンライブパーティー（大晦日）

イベントではないが、定期船が1週間に1度しかない父島では、船の入出港時、港は大勢の出迎え、見送りの人でごった返す。特に船が島を離れるときには大勢の人が岸壁で手を振り、数多くの観光船が定期船「おがさわら丸」を追って、船が二見湾を出るまで並走する。これもほかの島では見られない壮観な眺めだ。

◉父島からほかの島へ

定期船があるのは母島のみだが、年に1回ほど東京との間を運行している「おがさわら丸」が途中、八丈島に寄港することがある（不定期）。これは小笠原の人ではなく、八丈島の人の希望により実現したもので、小笠原海運（株）によると、これからも希望があれば、年に1回ほどの寄港を考えていきたいという。

また、父島の南南西約２４０kmに位置する硫黄島では、年に一度、慰霊祭が行なわれるため、「おがさわら丸」が就航する。

そのほか、無人島については、定期船はなく観光クルーズ船で行くことになる。が、小笠原諸島全体が国立公園に指定されているので、ガイドなしでの勝手な上陸は許されない。

特に人気があるのは、父島の北に位置するケータ（聟島）列島と父島南部ジニービーチの向かいに見える南島へのクルーズや観光だが、これも上陸できる期間が決まっている。貴重な動植物保護のためにも、マナーをもって訪れてほしい。

母島

母島は父島の南、約50kmに位置する小さな島で、島の人口はおよそ４５０人。

東京からの距離は１０３３kmで島の面積は20・21㎢。集落は、かつて島の北側のもっとも東京寄りのところに「北村《きたむら》」という集落があったが、今は島の玄関口の沖港がある「沖村《おきむら》」のひとつ。すべての島民がこの地区に住んでいる。

ただでさえ暖かい小笠原だが、母島は父島と比べ、さらに気温が数度高い。

◉移住のために

母島は、「昔の父島の風景」と小笠原の人が言うとおり、父島と比べると静かな印象だ。さほど観光化もされず、手つかずの自然にも恵まれていることから、自然が好きな人には楽園といえる環境かもしれない。しかし、人びとのコミュニティは、父島と比べると人の出入りも少なく、近年移り住んだという人は少ない。コミュニティの小ささから、「入り口」の狭さはなんとも し難い。

母島に移り住む人の多くが、父島での暮らしを経験しており、小笠原以外の土地からダイレクトに母島に移り住むのは難しい。母島は仕事の幅が狭く、観光業にしても父島ほどショップが多くないこともあり、募集がかかるのは極めて稀だからだ。

加えて、住居にしても都営住宅はあるものの、これは小笠原に住民票を置いている人でないと応募の資格がないうえ、空き自体も少ないため、募集がかかるとすぐに埋まってしまう傾向にある。民間のアパートは1軒で、これも戸数は多くない。

つまり、父島である程度生活をし、小笠原の事情に詳しくなったうえで、母島の仕事、空家の情報を得ないと難しいということだ。

仕事に関しては、農地が多いので、ツテ次第では農地を借りて農業をやるという手もあるが、いずれも情報は口コミしかないので、タイミング次第といえる。

漁業協同組合があり、漁業も行なっているが、漁師の募集はない。

◉父島との密接な関係

父島までは、伊豆諸島開発（株）の連絡船「ははじま丸」（島の人は略して「ははまる」と呼ぶ）がほぼ毎日就航している。この船のダイヤは、父島―東京をむすぶ「おがさわら丸」の入出港時間に合わせてあり、東京まで出るときも父島で一泊せずに、「おがさわら丸」へと乗り継げる。

島には、生活に必要なものはほぼ揃っているが、足りないものは父島に依存している。時折、母島は、島内の商店が一斉に休むこともあり、場合によっては食材を買い置きしておく必要もある。小笠原の人は父島、母島という別の島に住んでいても、まるで一地域のように思っていて、同じ「小笠原」という意識が強い。母島の場合は特に、父島を経由しなければ本土へ行くこともできないため、母島に住む人は父島の状況にも詳しい。

先に述べたとおり、父島での暮らしを体験している人が多いので、父島に知り合いも多く、「ははじま丸」に乗る知り合いがいると、「これを父島の誰々さんに届けてくれ」などと頼む場合もある。

母島島内には高校がないので、島の子どもたちの多くは、中学を卒業すると父島にある都立高校へと進学する。船では通えないので、父島にある寮で生活する。

また島には理髪店がないので、３カ月に１度の割合で、父島の床屋が出張でやってくる。

◉生活事情

ガソリンは高く、１リットル２００円以上。

集落自体は小さく歩いて回ることができる規模なのだが、島に公共の乗り物はないので、畑など集落以外の場所に行くには、自家用車やオートバイが必要になる。

教育と医療に関しては、保育園、小学校、中学校、診療所がそれぞれ１つずつある。

老人福祉は、社会福祉協議会が在宅訪問ケアなどを行なっている。

金融機関は、農協のみ。郵便局の営

業も農協が委託している。

いわゆる「店」は、沖村集落内に商店が3軒あるほか、飲食店もいくつかある。飲食店に関して営業時間が短いのは父島と同じ。スナックも1軒ある。

母島にも次のサークルがある。

・母島音楽サークル
・小笠原凧保存会

◉その他の場所

母島の魅力はなんといっても、その静かさと自然。自然を楽しむ人にとっては魅力溢れる島だ。住民の生活は、基本的に集落内で事足りてしまうが、夕方には、多くの人が夕日を見に行く。休日には、野山の自然散策や海で遊ぶという生活スタイルがある。

かつては集落があった北港

施設がさほどない母島で、人びとがなんとなく行ってしまうのが、現在使われてなくなった旧ヘリポート（島の人は「旧ヘリ」と言う）や、島の南部にある給水タンク。これらの場所は、島の人が休憩したり、家族でご飯を食べたりする格好の場所となっている。

◉主な祭り&イベント

・海開き、日本一早い初日の出（1月1日）
・母島フェスティバル（3月下旬）
・母島返還祭（6月下旬）
・母島スターウォッチング（8月中旬）
・母島納涼祭（8月下旬）
・御嶽神社例大祭（10月上旬）
・月ヶ岡神社例大祭（11月23日）

◉暮らしに役立つサイト

小笠原村役場ホームページ
http://www.vill.ogasawara.tokyo.jp/

小笠原新聞社
http://www.ogpress.com/

明老会
http://www.ogasawara.ne.jp/meiroukai/

小笠原海運
http://www.ogasawarakaiun.co.jp

小笠原チャンネル
http://www.ogasawara-channel.com/

Bonin Links（ボニンリンクス）
http://www.asahi-net.or.jp/~et7t-tum/boninlink.html

小笠原

市外局番　小笠原村　04998
市内局番（2）父島　（3）母島

●行政関係
小笠原村役場（代表）　2-3111
小笠原村役場　村民課住民係　2-3113

小笠原村役場／母島支所　3-2111

東京都小笠原支庁　2-2121
東京都小笠原支庁／母島出張所　3-2121

●福祉関係
小笠原村役場／村民課福祉係　2-3939
小笠原村役場／高齢者在宅サービスセンター　2-3911
小笠原村役場／地域福祉センター　2-2911

●交通関係
小笠原海運（株）父島営業所　2-2111
（株）共勝丸小笠原出張所　2-2390
（株）伊豆諸島開発／母島代理店　3-2333

小笠原村役場村営バス営業所　2-3988

●運輸関係
（株）恵興／小笠原営業所　2-2852
（株）小笠原サービス　3-2323

●保育園
小笠原村立／父島保育園　2-2544
小笠原村立／母島保育園　3-2114

●小学校
小笠原村立／小笠原小学校　2-2012
小笠原村立／母島小学校　3-2181

●中学校
小笠原村立／小笠原中学校　2-2502
小笠原村立／母島中学校　3-2182

●高校
東京都立小笠原高等学校　2-2346

●診療所
小笠原村営／小笠原診療所　2-3800
小笠原村営／母島診療所　3-2115

●保健所
島しょ保健所小笠原出張所　2-2951

●警察署
小笠原警察署　2-2110
小笠原警察署母島駐在所　3-2110

●新聞社
小笠原新聞社　2-3411

●金融機関
七島信用組合小笠原支店　2-7410

小笠原郵便局　2-2101

東京島しょ農協／小笠原父島支店　2-2931
東京島しょ農協／小笠原母島支店　3-2331

●エネルギー系　電力
東京電力（株）／小笠原事務所　2-2430

●ガス
小笠原ガス（株）　2-2816

●主なスーパー＆小売店
「父島」
東京島しょ農協／パパイヤマート　2-2934
スーパー小祝　2-2337
美津ストアー　2-2612

「母島」
小笠原島農協／母島支店　3-2331
前田商店　3-2221

●薬局
アサヒ薬局　2-2811

●ベーカリー
ローカルベーカリー　2-3145

【父島本音ルポ】森の工房でつくられる「小笠原ガラス」

ガラス職人猿渡浩一さん

●父島小曲在住・46歳・熊本県出身

友達が支えてくれたから、できた

猿渡さんが小笠原に来たのは85年、東京でアルバイト募集広告を見たのがきっかけだった。当時、小笠原についての知識がまったくなかった猿渡さんは、日本で暖かい南の島というと、沖縄ぐらいしか思い浮かばなかった。「東京にもこういうところがあるんだ」と思ったという。

仕事は民宿内の食堂で、お客さんに出す朝食と夕食を作ることだった。民宿で用意された寮に住み、昼間は時間があったので、サーフィンをしたり、まだよくわからなかった島内を歩き回ったりして過ごした。

アルバイトは3カ月の予定だったが、滞在するうちにすっかり小笠原が気に入った猿渡さんは、思い切って民宿の主人に「もっといていいですか?」と聞いてみた。返事は「いいよ」と、あっさりしたもの。猿渡さんはここで4年間働いた。

その後は、この民宿で仕事の関係から知り合った酒屋さんで働くことになる。住まいも島の人のすすめがあって、都営住宅へと移った。

酒屋での仕事は、店内の販売以外は完全な力仕事。配達もそうだが、一番大変なのは船が着くと港まで取りに行き、酒を車に積み込む作業。特にビールなどの需要が増える夏の時期は、積み下ろしをする酒の量も増えるうえ、暑い中での作業だったため大変だった。

小笠原に住みつづけるためのガラス作り

猿渡さんはこの酒店でも4年余り働いたが、その間ずっと、考え続けていることがあった。

「このまま、ここで働いていても、い

つかは辞めなくちゃならない。小笠原に住み続けるにはどうしたらいいだろう?」

　ちょうど、この頃、島への観光客も徐々に増え、父島の中心部にある大村の集落には観光客を当て込んだ土産物屋さんが増えつつあった。

「土産物屋とかはできないだろうか?」

　そんなある日、島の友人と話していると、その友人が言った。

「小笠原には、ガラスが似合うような気がするけどな……」

「ガラスか、いいかもしれないな」

　しかし、漠然と「いいかもしれない」とは思ったものの、猿渡さんはそれまでガラスの勉強をしたわけでもなく、ガラスについては何一つわからなかった。

　そこで、まずは調べることから始めた。雑誌を頼りに、ガラスを作る体験教室を探してみる。都心には見当たらなかったが、富山県で2週間の「体験教室」が見つかった。

　が、それはちょうど夏だったため、酒店は一番忙しい時期を迎えていた。どうしてもガラス作りを体験したいと思った猿渡さんは、思い切って酒店のご主人に話すことにした。もし、駄目だと言われれば、辞めようかと思っていた。ご主人は話を聞くと、「将来のことをちゃんと考えてるんだな。だったら、いいよ。行ってこい」と言ってくれたのだった。こうして猿渡さんはしばらく小笠原を離れ、ガラス修業を始める。

　まず、猿渡さんは富山へ行き、ガラス作りを初めて体験した。「ガラス作りは思った以上に大変だ」と思った。それでも、今度は体験ではなく、長期で教えてくれるところを探すことにした。実家が熊本なので雑誌で見つけた長崎のガラス工房に直接行き、話をした。

「ガラスの勉強をしたいんです。ひとりでやりたいんだけど、勉強できるところを探しています」

猿渡浩一さんの作品

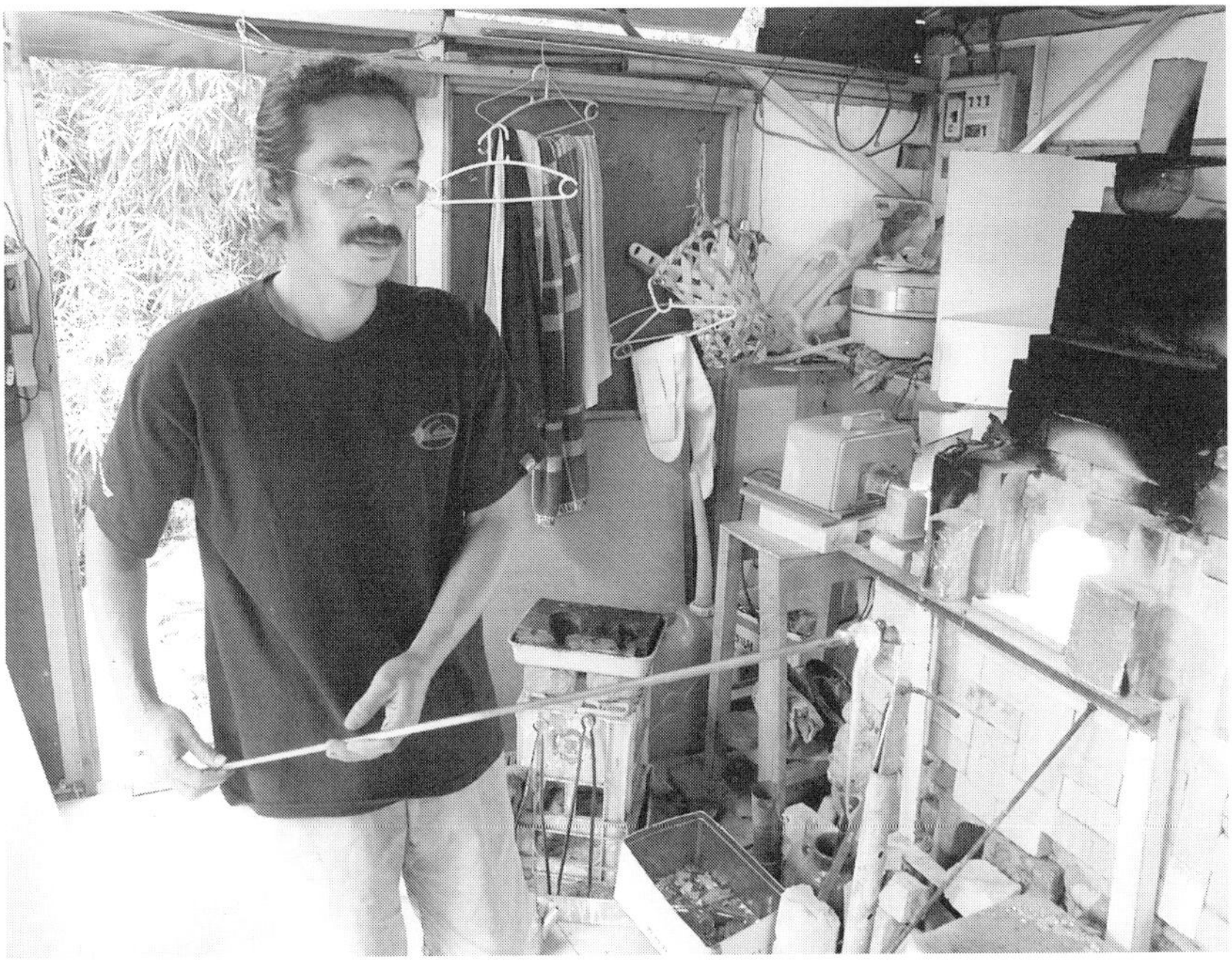

工房でガラスを溶かす
作業中の猿渡さん

熱意が伝わったのか、その工房の人は、同じ長崎県内にいるガラス作家を紹介してくれた。その人もひとりでやっている人だという。猿渡さんは早速、その人を訪ね、そこでガラス作りを習うことが決まった。ただし、その条件は、授業料を取らない代わりに給料もなし、というもの。つまり、生活費は自分で何とかするしかなかった。猿渡さんは近くで工事現場などの仕事をしながら、週末、工房に通い、ガラス作りを勉強した。

ひとりでガラスを溶かし、製品を作り、それを販売する。ここで学んだガラス作りは、まさに彼の理想としているものだった。しかも、ここでは空き瓶を溶かしガラスを再生していた。ガラス製品の作り方はもちろん、釜の作り方なども学ぶことができた。

そうして2年半、ガラス作りを学んだ猿渡さんは、小笠原父島に戻ることにした。いずれは戻ってこようと、都営住宅は引き払わず借りたままにしておいた。

まずは、ガラス工房を作る場所を確保しなくてはならなかった。知り合いの農家の人にお願いし、農地の一部を借りることができた。建物は以前働いていた酒店のご主人が協力してくれ、ほとんど建ててくれたという。

猿渡さんは島外からレンガを取り寄せ、ガラスを溶かす窯作りを始めた。釜の作り方は長崎で習ってわかってはいたものの、いざ、作ってみると失敗の連続。ちょっとした内部の形状の違いでガラスが溶けなかったり、温度が均一にならず、ガラスにひびが入ってしまったりした。少しずつ形状を変えてはガラスを溶かしてみる、試行錯誤の連続だった。そんな毎日を繰り返した末、ちゃんとガラスを溶かすことができる窯が、ようやく完成した。

ガラスの材料は、酒屋さんや島の飲み屋さんにお願いして空瓶を集めてもらった。どんな瓶でもいいというわけではない。原材料の違いで上手く混ざらなかったり、後で割れが入ってしまったり……。これも経験しながら学ぶこととなった。

工房の裏手には
流木に吊るした
猿渡さんの作品が

島にはもちろん、日用雑貨やガラス食器を売る店もあったが、その数は少なく、島にないものは東京から取り寄せなければならない。そんな背景もあり、素朴な風合いの猿渡さんのガラス製品は、島の人にも喜ばれた。話を聞いた島の主婦が、「こんな色の瓶があったけど」と言って、洗った瓶を持ってきてくれるようにもなった。

また、販売に関しては、土産物屋をやっている友人が「うちに置いたら」と言ってくれ、島に来た観光客にも、お土産物として販売されるようになった。03年には、観光ガイドブック『るるぶ』（ＪＴＢ）でも、この猿渡さんの「小笠原ガラス」が取り上げられ、直接工房を訪れる人も増えたという。

なにより友達の存在

猿渡さんが作りたいのは、芸術作品としてのガラス製品ではなく、あくまで日常生活の中で使ってもらえる普通のガラス食器。だから、安くて求めやすい値段にしている。

「村にあるお菓子屋さん、酒屋さん、パン屋さんのように、村のガラス屋さんでいたい。日常生活の中でちょっと花を添えられる、そんなガラスが作ればいいですね」

実際、猿渡さんの作るガラス製品は、気泡が入った素朴な風合いで、形も一つひとつ微妙に違う。「気泡は自然と入っちゃうんです」。

高価で凝った作りのガラス製品と違い、不思議と小笠原の風景によく似合う。最近では、形などをリクエストするお客さんも増え、「こういう形のは作れない？」と絵を描いて持ってくる人もいるという。

「大量生産品よりは高いのに、わざわざ僕のものを買い求めてくれ、大事に使ってくれる。それが嬉しい」

１日に作る量は、皿やグラスを併せ大体、10～15個ぐらい。作る時は朝７～９時ぐらいに窯に火を入れる。04年１月には、作っていた新しい住まい兼工房もなんとか形になってきて、都営住宅からこちらに移った。まだ、風呂やトイレなどの内装が完成していないので、ガラスを作らない日は内装作業を続けている。

最初は期間限定のアルバイトという形で島に来た猿渡さんだが、初めて島に来てから20年近い歳月が流れ、すっかり島生活のベテランとなった。

「最近は、ずっと島にいてもいいかな、と思っています。島はこのコンパクトさがいいんですよ。行こうと思えば山も海もすぐ行けるし、人がそんなに多くないのもいい」。そして、何より「友達の存在は大きい」と語る。

「ひとりだったらできなかったことも、友達が支えてくれたからできたんです」

村のガラス屋さんは、これからも森の中の工房で島の食器を作っていく。

アルバイト新井貴美さん

●父島小曲在住・36歳・埼玉県出身

オーストラリア、沖縄……世界をまたにかけた「旅」を経て

新井さんは、東京で一人暮らしをしている時にダイビングを始め、ハワイなど、あちこちの海に潜りに行っているうちに、ダイビングマスターのライセンスを取りたいと思うようになった。が、好きなことを仕事にするのには抵抗があった。というのも、「純粋に好きなことを、いったん仕事にしてしまうと、素直に楽しめなくなるのでは」という漠然とした悩みがあったからだった。エアロビクスのインストラクターをしていることもあって、この時はライセンスをあきらめた。

しかし、ダイビングには、どんどんのめりこんでいった。ダイバーの近くを泳ぐイルカに興味を持ち、続いてジンベイザメがその興味の対象となった。ジンベイザメは大型のサメだが、性格は温和で、悠々と泳ぐその姿はダイバーたちの間で人気があった。

ジンベイザメを近くで見たいと思った新井さんは、世界的にも有名なジンベイザメが集まるスポット、オーストラリアのエクスマウスに行きたいと思うようになった。そこはジンベイザメをはじめ、マンタや鯨など、大型の海洋生物に間近で出会える有名なところでもある。

日本から出かけ、ツアーに参加すると、時間がかかるうえにお金もかかる。長期滞在するにはどうしたらいいか。貴美さんが考えた末に出した答えは、一度諦めたダイビングマスターのライセンスを取ることだった。「ライセンスがあれば、ガイドをしながら長期滞在できるのでは」と、思ったからだ。

ところが、新井さんが向かった先は、オーストラリアではなく小笠原だった。ダイビングマスターのライセンスを取

るには、ある程度の実績がないと駄目だったからだ。小笠原を選んだのは、イルカと泳げるという魅力や小笠原の海の圧倒的なきれいさということもある。

行けばなんとかなる(?)

1997年9月、初めて小笠原を訪れた新井さんは、2航海（小笠原では船が島にやって来て、また東京に戻るまでを「1航海」という。「2航海」とは、1度東京に帰る船を見送り、次の船で東京に帰ること）、10日間ほど島に滞在した。

その10日間の滞在ですっかり小笠原の海に魅せられてしまった貴美さんは、翌98年4月、再び小笠原の地を踏む。今度は観光ではなく住むためだった。3月いっぱいで仕事を辞めた新井さんは、「行けば何とかなる」と考えていた。

事実、観光地である小笠原父島は、人の出入りも多いので、求人の募集もそこそこある。父島では自炊の宿に宿泊し、仕事を探していた新井さんは、程なく食堂の店先に貼られていた求人の張り紙を発見。その食堂で住み込みのアルバイトを始めた。

「ご飯も食べられるし、いいかな」と考えていた矢先、1カ月ほどで店主と大喧嘩。島に来た時に泊まっていた宿

毎日自転車通勤する新井貴美さん、青灯台前で

に戻り、貯金で生活。すると、程なくラーメン屋さんのアルバイトを見つけ、店の寮へと移った。

2カ月間、このラーメン屋さんで働いた新井さんは、その後、塩を作る工場、土産物店でのアルバイトなどを経験し、99年9月からは、東京都小笠原亜熱帯農業センターでアルバイトを始めた。島で知り合った人からの紹介だった。ここは観葉植物の展示や研究のほか、農産物、果実などの品種改良、栽培、増殖などを行なう総合施設で、新井さんの仕事はセンター職員の補助作業。草取りや肥料配合などのほか、剪定の手伝いなどをした。アルバイトは2カ月の契約制で、契約が切れると再契約。2カ月行って1カ月休むような形だった。

いろいろな仕事をこなしながら、2年近くを父島で過ごしていた。ダイビングマスターの免許も取った。たしかに、最初に考えた「行けばなんとかなる」は、間違いではなかった。しかし、2000年を迎えるにあたって、はたと考えた。

「あれ？　オーストラリアに行くんじゃなかったっけ」

新井さんは仕事を辞め、00年2月に小笠原を引き上げ実家に戻った。そしてすぐにビザを取り、航空券を買ってオーストラリアのパースへ向かった。

オーストラリアをめぐる2年

ここで新井さんは、日本からのツアー客も多く来るエクスマウスのダイビングショップが日本人オーナーだということを知り、会いに行った。ジンベイザメのツアーガイドの仕事がないかと思ったからだ。

「日本でダイビングマスターの免許を取ってきて、経験が積みたいんです」と頼み込んだ。

すぐに採用となったが、ビザは観光ビザ。つまり、収入があってはいけないという規則がある。住居は無料で貸してもらったが、給料はなし。オーストラリアのイミグレーションでも「経験が積みたいだけ」という話をして、ショップでのツアーガイドを認めてもらったという。

このショップでは観光シーズン、日本人のお客さんが多かったため、新井さんの仕事はガイド兼通訳といった感じだった。その後、ビザも延長し、仕事はしばらく続いたが、ショップではお客さんからのクレームも多く、少し嫌気がさしていたところに、「次のビザ延長はできない。日本に帰りなさい」とイミグレーションのオフィスで言われた。

オーストラリアに行ってすぐ、オーストラリア人の彼氏ができたので、未練はあったのだが、とりあえず一度日本に帰ることにした。00年12月のことだった。

「おがさわら丸」の出港時、観光船が見送りに出る

さて、日本に帰った新井さんだが、翌01年の3月、オーストラリア人の彼氏が日本に来ることになった。彼は外国船の乗組員になっていて、彼の乗る船が沖縄に来ることになったのだ。

新井さんは沖縄に行って彼氏と再会し、1カ月間を沖縄の慶良間諸島で一緒に過ごした。船はその後、沖縄を出てメンテナンスのため横浜に。新井さんも横浜まで同行した。

メンテナンスも終わって船は出航し、彼氏とはふたたび離れ離れになってしまった。新井さんはダイビングショップでの仕事がしたいと思い、小笠原に連絡を取ったが仕事はなく、求人情報誌で見つけた慶良間諸島のダイビングショップで、5カ月間働いた。

そして、シーズンオフになった01年の12月、船の仕事を辞めてオーストラリアに戻っていた彼氏を訪ねた。年が明けた02年2月、単身日本に戻ってきたが、いよいよお金がなくなり、今度は東京で以前の経験を生かしてエアロビクスのインストラクターの仕事を再開した。

しかし、都会のなかでどんどんネガティブになっていく新井さん。彼氏との喧嘩、日本での人間関係など、すべてが上手くいかない。

そんな時だった。小笠原を引き上げてきた人の歓迎会が開かれ、新井さんもそれに参加。その席で歓迎会の発起人が、「私はこっちに引き上げるんだけど、小笠原の家、住まない？」と、新井さんに持ちかけてくれた。結論はすぐに出た。

02年9月、家を借りた新井さんは、

船の見送りに合わせ、港で太鼓を叩く新井さん

約2年ぶりに小笠原に行くことになった。

アルバイトでもなんとかなる

借りた家は一軒家だったため、新井さんは島に着いてすぐに役場に向かった。電気やガス、水道などを使えるようにしなければならない。役場の水道課に行き、開栓を依頼すると、そこでアルバイトをしていたのは知っている人だった。

「あら、久しぶり、戻ってきたってことは、仕事があるの？」

「ないんだけど、家を借りたので。なければ2週間ぐらいで帰るつもり」

するとその人は「いらっしゃい」と言って、隣の部屋へ。ちょうど役場のアルバイトの話があり、紹介してくれたのだ。

偶然とはいえ、新井さんは島に着いたその日に、仕事を確保することができた。

アルバイトは1日5時間半、時給は780円。どんなに働いても月に7〜8万円にしかならないが、それでも「小笠原ではやっていける」と新井さん。民間のアパートだったら高くて無理だが、安く家が借りられれば生活費はそんなにかからないという。

観光シーズンには海のガイドのバイトもやるという新井さんだが、目下のところ熱中しているのは「ぼにん囃子」という仲間で叩く小笠原太鼓。初めて小笠原に来た時から、その響きに魅せられ参加している。

あちこちを旅し、再び小笠原に戻ってきた新井さん（彼氏のいるオーストラリアには今も通っている）。

「まだ、この先はわからない」と言うが、おがさわら丸の出港時、お客さんの見送りのため港で太鼓を叩く新井さんを見る限り、しばらくは小笠原ライフを堪能するつもりのようだ。

【父島本音ルポ】のんびり豆腐を作り、のんびり商売

豆腐製造販売業 那須直也さん

●父島小曲在住・32歳・栃木県出身

根っからの「旅好き」が30歳を前に選んだ道

那須さんは、カナダで8カ月間、ログハウスビルダーをして、91年、日本に戻って来た。友人に電話すると、「お前に行ってほしいところがある」と言われた。それが小笠原だった。

「竹芝桟橋で待ってる。来てくれ」

友人に言われるまま、小笠原への船が出る竹芝桟橋へ。しかし、そこに友人の姿はなく、那須さんはひとり、おがさわら丸へと乗り込んだ。

これが、那須さんが初めて小笠原へ行った経緯である。

「来てくれ」と言って、来ない友人もすごいが、「それじゃ」と一人で船に乗ってしまう那須さんもすごい。

父島に着いた那須さんは、たまたま同じ民宿に泊まっていた学生が「仕事に行く」と言うので、ついていくことにした。そこは造園業で、那須さんは頼み込んで、働かせてもらうことにした。日本に帰ってきたばかりで、特にしなければならないこともなく、小笠原で仕事をすることには抵抗もなかった。

いったんは父島から九州へ

那須さんは父島でこの仕事を2年間続けたが、「どこか別の場所で農業をやってみたい」と思うようになる。そして、全国の地方自治体１５０箇所にダイレクトメールを送った。

「金はない。安く家と農地を借りたい。そこに永住するつもり」という内容だった。30の自治体から返事が来た。

その中で那須さんが選んだのが、「トカラ列島」（鹿児島県十島村）の中

にある「宝島」だった。

「農地10アールを年間100円で」

この言葉に惹かれた那須さんは、まず、自分の目で見てみることにした。しかし、4〜5日島に滞在してみると、違う。なにか合わない。「ここじゃないような気がする」。それは理屈ではなく、肌で感じる直感みたいなものだったという。

那須さんは宝島に行く際に、車で鹿児島まで行ったのだが、その途中、立ち寄った熊本県の小国というところが非常に良いと感じた。今度はそこに行ってみることにする。

お金がなかったので、小国の近くの街道沿いにある「道の駅」で野宿をしたのだが、雪で車が動かなくなった。途方に暮れていると「道の駅」の館長が、「どうしたの?」と声を掛けてくれた。「まあ、焦ってもしようがないから、お茶でも飲んで行きなよ」という言葉に、那須さんはこれまでの経緯と、「小国が良いところなんで、ここに住みたいんだけど……」という話をした。すると、この館長が小国の養護学校の先生を紹介してくれ、今度はその先生が仕事を紹介してくれた。

それは偶然にも、ログハウスの仕事だった。那須さんは経験もあり、できるならログハウスの仕事がしたいと思ってはいたが、田舎では仕事が選べないので、なかばあきらめかけていたところだった。住居は製材所の中の小屋を貸してくれ、メインの仕事は木工品

オリジナルの前掛け姿で豆腐を販売する那須直也さん

作りだった。

那須さんはこの地に1年住んだ後、すぐ隣の大分県上津江村にアパートを借り、そこを拠点にインドや沖縄への旅行を楽しんだ。

豆腐修業

熊本で暮らしている時に、近くに美味しい豆腐屋さんがあった。そこで「自分で豆腐を作れないか」と考えるようになる。

「そういえば小笠原には天然塩を作っている人がいた。だったらにがりもある。小笠原でも豆腐が作れるな。ちょっと豆腐作りを勉強してみよう」

那須さんは、神奈川県の豆腐店で豆腐作りを学ぶことになった。

そこで1年修業したあと、那須さんは一度実家のある栃木に戻り、その後、埼玉県で豆腐店をしていた友人の元に行くのだが、ここでも豆腐作りに専念したわけではない。そこで知り合った人が大宮でギャラリーをやっており、今度はその人が作りたいという工房作りに参加する。

しかし、海や自然が好きだった那須さんは、だんだん都会での生活に耐えられなくなった。そして27歳の時、再び小笠原に行くことを決意する。

夜は自宅前で気の合う仲間と酒を飲み、語らう

とにかく「生活を楽しんでいる」

再び戻った小笠原、父島。那須さんは力仕事をしながら、土地を確保。28歳で豆腐屋を開業した。

最初は借家での豆腐作りだった。豆腐作りに必要な機械は、廃業した本州の店から安くまとめ買いした。そして、2003年2月、友人に手伝ってもらい、ようやく自分の作業所が完成した。

選んだ場所は父島の中心部ではなく、周りにものを作っている人や音楽をやっている人が多かった小曲。「(中心地の)大村は、便利だけど、町にセンスがない。好きになれなかった」という。

作業所を作るにあたり、一番苦労し

朝、工房で
豆腐を作る那須さん

たのは水の確保だった。宅地になっていないところだったので、水道を引くのにもすごくお金がかかった。住まいは作業所からすぐのところにある民間のアパートで、作業所ができるまでは自宅で豆腐を作っていた。

　毎朝7時ぐらいから豆腐を作り始め、出来上がるとそれを軽のワンボックスに積み、大村の集落へと出掛ける。豆腐を売るのは大体、島のスーパーの前。島の人には既によく知られていて、営業を始めるとほぼ同時に、お客さんが買いに来る。

　お客さんとも、ただ売り買いするだけでなく、時には世間話に興じる。売るものがなくなるか、人が来なくなったら終了。実に島らしい、のんびりとした商売の仕方だ。

　那須さんは今、豆腐の販売だけで生活している。収入は決して多くないけど、小笠原では十分生活していける。

　那須さんと話をしてみると、とにかく「生活を楽しんでいる」という印象を受ける。

　夜は気の合う仲間と語らい、島のイベントでは楽器の演奏で参加する。自分が好きなこともあって、オリーブやアーモンドを作ってみたいとも思っている。昨年は紅茶の木を植えた。また、小曲でスタジオやギャラリー、好きな人が自由に集える場所をセンスよく作りたいと話す。

「年に1回、旅行に行ければいい。あとは島で楽しくのんびり」

　これが那須さんのライフスタイルである。

【母島本音ルポ】子どもと一緒にいる時間が一番長いところで

社会福祉協議会職員宮澤 貫さん

●母島元地在住・39歳・東京都出身

教師生活を経て移住、島内で転職も経験

高校の時、小笠原の出身の同級生がいて、宮澤さんは初めて「小笠原」という言葉を意識して聞いた。その学校には小笠原が好きな友人がいて、彼は「将来、小笠原に住む」と言っていた。この時は「ふ～ん、小笠原ってどこにあるの？ どうやって行くの？」などと、単なる興味で聞くに留まったが、その後、大学を卒業する段になって、再びこの「小笠原に住む」と言っていた友人に再会した。彼は小笠原村役場に就職が決まっていた。

宮澤さんは初めて小笠原を訪ねたのは、「知ってる奴がいるから、行ってみようかな」という軽い気持ちからだった。23歳の時だった。小笠原は居心地が良く、ここがすっかり気に入った宮澤さんは役場の友人に、何かアルバイトがないかと尋ねた。早速、役場の友人は「小笠原グリーン」という会社を紹介してくれた。仕事は支庁の委託を受け、廃油ボールや流木やゴミを拾う海岸清掃、都の管理する公園などの草刈り、支庁庁舎の窓拭き、ゴミの焼却作業などだった。会社には寮があったので、仕事を始めると同時に、その寮に移った。

憧れのブラジル、そして学校教師に

しかし、宮澤さんには夢があった。それは「ブラジルに行く」というもの。宮澤さんは、小学校の4年生からサッカーを始めたサッカーの本場であるブラジルに強い憧れをもっていた。たまたま観光に来て気に入ったので小笠原に住んでいるが、ブラジルには早く行きたい。小笠原で仕事を始めて1年、宮澤さんはついにブラジルへ行くこと

になる。島ではお金を使う機会が少なく、短い期間でお金が貯まっていた。

ちなみに今でも、宮澤さんと親しい小笠原の住人は、彼を「ブラジル」と呼ぶ。それは、実際にブラジルへ行ったのはもちろんだけれど、行く前からことあるごとに「ブラジルに行きたい」と語っていた宮澤さんの印象が強く残っているからだ。

さて、念願のブラジルに渡った宮澤さんだが、現地では特にツテがあるわけでもなく、サッカーチームを探しては訪ねるという日々だった。宮澤さんがブラジルで勉強したかったのは、選手としてのサッカーの技術ではなく、人にサッカーを教えるコーチ学。しかし、これといった当てはなく、すぐにチームに入るというわけにはいかなかった。しかし、不思議なことに、続けていれば思いもみのるようだ。ある時、砂浜でビーチサッカーをしていると、偶然、現地で暮らす日本人と知り合った。そして、その日本人からサッカーチームを紹介され、そこで念願のコーチの勉強をすることができたのだ。

ブラジルにいたのは3年間。27歳の時、宮澤さんは日本へと帰ってきた。

宮澤さんの生き方をみていると、運が良いのは確かだが、友人や知人など、自分と関わる「人」をとても大事にしているという印象を受ける。だからきっと友人達も応えてくれるのだろう。この時も帰国し、仕事がなかった宮澤さんは、すぐに知人と連絡を取った。そして、大学の時の先輩から横浜で中学校の臨時講師という仕事を紹介された。教員免許を取得していた宮澤さんは、すぐに面接を受け、一カ月間という期間は設けられていたが、27歳にして教師になった。

このあと、宮澤さんは、同じ学校で3カ月の臨時講師を経て、今度は臨時ではない常勤の教師として採用され、7年間の教員生活を送る。

学校では問題を抱える子も多く、自殺願望がある子どもの相談に乗ったことから、他の子ども達の「カウンセリング」もするようになり、ほかの学校の先生からも相談を受けるようになった。

「今は臨床心理師の資格などが必要だけど、当時はそんなにうるさくなかったんだよ。ほかの先生と話したり、医師とも連絡を取り合いながら、心理学なども勉強した」

「母島は昔と変わらない」

しかし、宮澤さんは教師を辞め、再び小笠原へと移住する決意をする。34

旧ヘリポートで昼食を食べる宮澤貫さん一家

歳の時だった。理由は結婚し、子どもができたからだった。

「子どもと一緒にいる時間が一番長いところ」、そういう場所で生活したかったという。この想いは、教師時代、実際に接した子ども達の多くが親との時間を取れていないことに気づき、次第に強くなっていった。

仕事を辞める前から、夫婦ではそういう話をしていた。移住する先は、宮澤さんが過ごしたブラジルでも良かったし、奥さんが日本語教師として働いていた台湾でも良かったのだが、子どもがいる以上、すぐに仕事を確保する必要もあった。

そこで連絡をとったのが、小笠原村役場に勤める友人だった。ちょうどこの頃、その友人は父島から母島に転勤になっていて、母島の様子なども尋ねるついでに電話をしてみた。「父島は人も増えて変わってしまったが、母島は昔と変わらない」と言われ、急速に母島に興味を持った。宮澤さんは以前の滞在期間のうち、わずか1日だけ、母島に行ったことがあった。

ただ、問題は仕事の確保である。宮澤さんはその友人に、「母島に住みたいんだけど、何か仕事はない？」と尋ねた。家庭を持っているのでバイトというわけにはいかない。社会保険と月々の給料をきちんと支払ってくれるところでないと……。

「それなら、今、農協で人を募集してるよ。組合長が今、東京に出張しているから会ってみれば？」

渡りに舟だった。早速、組合長と連絡を取り、会いに行った。結果は、即採用。宮澤さんは仕事を確保し、母島に住むことになった。

「小笠原の母島に引っ越す」と言われた時、奥さんのちがやさんは、小笠原について何一つ知らなかった。

「え？　どんなところなの？　南の島？　ハワイとかバリみたいなところ？　そんなところに行けるの？」

2人とも、住むところに関して、それほど大きなこだわりがあったわけではない。ただ、「家族が一緒にいる時間を大切にしたい」という考えは、共通していた。

幸い、農協には職員住宅があり、住むところの問題も解消された。小さな島である母島では、住居の確保は思った以上に厳しく、人気がある都営住宅は常に空き待ちの状態。加えて農協の職員住宅は海の近くという絶好のロケーションにあった。

転職

こうして、宮澤さんの考える「子どもと長く一緒にいられる生活」が始まった。

島でなくても、子どもと一緒にいることはできる。でも、狭い島では学校や会社に行くにしても、ぎりぎりまで家にいられる。昼は家へ帰ってきて、家族と一緒にご飯を食べるし、何かあってもすぐに家へと帰ることができる。「自分も子どもの面倒を見られるので、結果として妻の負担も減る」というメリットもあった。

仕事は農協に併設される委託の郵便局窓口業務だった。慣れない仕事だったが、知らないことを覚えるのは面白いと、宮澤さんは仕事に励んだ。さらに、農協の斜向かいにある社会福祉協

母島のメインストリート

議会で、土日だけのアルバイトも始めた。ヘルパー2級の免許も島で取得した。次第に老人介護などの仕事に、やり甲斐を感じていった。

そして、またも転機がやってきた。2003年、この社会福祉協議会で職員の募集があったので応募、試験を受け合格。職員となったのである。

これは賭けに近いものだった。狭い島で職場を替わるのは勇気がいる。「社協の仕事がしたいので、そっちに移りたい」と、世話になった農協の組合長に事前に話したところ、最初は駄目だと言われた。しかし、宮澤さんは熱心に話をした。礼を欠くこともできなかったし、ちゃんと話しておきたかった。最後には組合長も、その気持ちを理解してくれ、「だったらやってみろ」と認めてくれたという。

「でも、試験に落ちたら島にはいられない。当時は島を離れる可能性も考えた」

大きな賭けに勝つことができた。

宮澤さんは現在、都営住宅に移り、在宅訪問やホームペルパーの仕事をしている。島の人から「都営住宅の申し込みをしておいたほうがいい」と勧められ、世帯用の募集があったので応募したところ、島の小中学校から程近い現在暮らす都営住宅に入居できた。島の人が言うには、都営住宅は家賃も安く、設備も整っているので人気があり、なかなか空きも出ない。申し込むだけ申し込んでおいたほうがいいということらしい。

1フロアに2戸ずつの造りなので、隣の家の人との相性もあるが、幸い隣に住む家族とは顔見知りだったこともあり、安心して決めたという。

毎日、子どもたちと夕日を見に行く

宮澤さんの島での1日は、朝8時から仕事に出て、昼には一旦帰宅。家族一緒に昼食を取る。夏の天気のいい時は、昼休みにウィンドサーフィンを楽しみ、奥さんは子どもたちを連れ、お弁当を持って浜へとやってくる。そして午後1時から再び仕事。夕方、仕事が終わると必ず、子どもたちを連れ、夕日を見に行く。これは宮澤さんのこだわりで、たとえ天気が悪くて夕日が見えない時でも、夕日のポイントには必ず出掛けている。そして、子どもたちと会話をする。

「あっちで雨が降ってるね。もうすぐこっちに来るよ」

「風が気持ちいいね～」

自然のものを自然に見せたいと思い、宮澤さんはこの時間をほんとうに大切にしている。

また、宮澤さんは、第2と第4土曜日は島の子ども達にサッカーを教えている。これは、宮澤さんがサッカーをやっていたのを知った島の子ども達の親から、「教えてほしい」と請われたもの。宮澤さんは直接、子ども達に話を聞き、「本当にやりたいんだったら教える」と、サッカーを教えだした。

母島の夕日

母島にはきれいな芝生のグラウンドがあり、ここならブラジルみたいに裸足でサッカーができる。このグラウンドの存在も大きかった。実際、裸足でサッカーをやってみると、子ども達の上達は早かったという。

今、宮澤さんがサッカーを教えている母島の子どもは10人。人数が足りないのでゲームは半々に分かれてミニゲームしかできないが、いつか父島に行って試合をするのが、宮澤さんと子ども達、共通の夢だという。

母島は小さな島だけど、人はみんな顔見知り。そういう安心感がある。だから、父島に行くと知らない人がいて気を使うという。宮澤さんにとって母島は、島全体が自分の庭のような環境であり、家族が一緒に安心して暮らせる「楽園」なのかもしれない。

【母島本音ルポ】念願の「畑仕事」もできた

農業&プロパンガス販売 橋本 直さん

●母島元地在住・35歳・大阪府出身

やりたいこと、家族との生活を両立できる母島

橋本さんの小笠原行きは、働いていた横浜の飲食店に小笠原に住んでいるお客さんが来たところから始まる。その人は、実家が横浜にあるので店の定連だったが、父島に住んでいた。「いつでも遊びにきなよ」と言われたものの、それがどんなところかまったくイメージできなかったという。

その後、横浜の仕事をやめた橋本さんは、一度父島に遊びに行ってみることにした。ただの観光目的だったつもりだが、着いて3日後、いきなり仕事を紹介された。それは国有林の管理をする「フローラ」という会社だった。橋本さんは、とりあえず働いてみることにした。与えられた仕事は、国有林の管理のために打たれた杭を探し、古いものは新しいものに取り替えるというものだった。

橋本さんはこの仕事を1カ月間だけやって、横浜に戻った。理由は「ローリングストーンズのコンサートがあったから」。そして、コンサートが終わったあと、橋本さんが向かったのは、小笠原ではなく西表島だった。

学生の頃から好きで通っていたという橋本さんは、西表島に強い思い入れがあった。橋本さんはいつも宿泊していた民宿に「働かせてくれ」と頼み込み、横浜で借りていた家を引き払って西表島に移った。

母島に移るまで

西表島では、民宿に寝泊りしながらそこを手伝い、その民宿が経営する果樹園で作っていたマンゴーの世話もした。観光シーズンの約半年間、そうした生活を続けたが、秋になり観光客が

減ってくると、仕事も少なくなり「なんだか悪いな」と思うようになった。「どうしよう、小笠原に戻ろうかな」

以前働いた「フローラ」に、「僕、小笠原に戻りますから、仕事があればお願いします」と連絡を入れた。しかし、行ったもののフローラでの仕事はなかった。普通は途方に暮れるところだが、運良く一週間と経たないうちに、仕事は見つかった。たまたま通りかかった食堂の店先に、アルバイト募集の張り紙がしてあったのだ。その食堂には寮もあったので、住まいを確保することもできた。

橋本さんはこの食堂で約1年働いたが、そうこうするうちに、「畑仕事がしたい」と思うようになる。小さい頃から橋本さんは、「自分で食べるものを自分自身の手で作る」農業というものに興味があり、伊豆での農業希望者の見学会に行ったり、親の知り合いの農家で研修を受けたりしていた。島で仕事をするうち、「自分のやりたいことを素直にやりたい」と思うようになったのである。

島でそういう仕事を探すと「打ち込み農園」という農園の仕事が見つかった。そこで働くことになったが、仕事はほとんど教えてもらえなかった。わからないことは農業センターに聞きに行ったり、本で調べたりするようになった。

「詳しいことは誰にも習っていません。ぜんぶ独学でした」

と話す。

しかし、その農園は閉鎖になってしまった。

そんな時、農園閉鎖の情報を聞きつけ、わざわざ電話をしてきてくれる人がいた。母島に住む人で、一回だけ研修で顔を合わせただけの人だった。

「農業がしたいんだったら、母島ならできるぞ」

農業は兼業で

話は前後するが、橋本さんは97年に父島で結婚した。奥さんは西表島の民宿で一緒に働いていた人で、西表島のあとはそれぞれが好きなところに行こうということで、橋本さんは小笠原、彼女は北海道（！）へと行っていたのだが、その後、彼女が小笠原にやってきて父島で結婚式を挙げた。

そして、農園の閉鎖は翌98年。

ひとりだけの生活と違って「なんとかなる」では済まされなかった。ありがたいことに、先に電話をかけてきてくれた人が、貸してくれる畑の確保、農協でのアルバイトなど、すべて面倒をみてくれた。アルバイトは、いきなり農業をやってもすぐに収入にはならないのと、都営住宅に入る前は住むところがないので、寮がある農協がいいだろうという配慮だった。

給水タンクの上で話す橋本直さん

母島を気に入ったのは、むしろ奥さんのほうだった。橋本さんは以前、農業の研修で母島の農家を見に来たことがあったのだが、父島に比べて圧倒的に人口が少ない母島は、寂しい印象だった。父島では多くの友達もでき、仕事が終われば気の合う仲間たちと楽しい時間を過ごす生活をしていただけに、母島はとても寂しく感じたと言う。

しかし、母島では農業ができる。橋本さんは母島へと渡った。

紹介された農協で夫婦で働き、畑ではトマトとジャガイモを作った。だが、農業は失敗も多く、専業農家というわけにはいかなかった。そんな時、母島でプロパンガスを扱っている会社に空きができた。橋本さんに声がかかり、農協を辞めてガスの仕事をすることになった。実はこのガス会社、橋本さんが父島で働いていた農園のグループに属する会社だったため、橋本さんは「再雇用」になった。住居は都営住宅へ申し込み、農協の寮から移ることができた。

ガスの仕事は、父島から来るプロパンガスの積み下ろしや、各家庭への配達、整備などで、これはひとりでやっている。給料は基本給のほか、労働時間に応じて歩合給がつくというスタイルだ。

さらに橋本さんはその後、以前働いていた「フローラ」で、母島の国有林の管理をする仕事もするようになった。「いろいろな仕事をしたい」ということもあったが、子どもが生まれ、生活を第一に考えた結果だった。

「農業はほかの仕事をしながらで、どうしても量が揃わないので、島内消費が主です。買ってくれた人が内地に送ったりしているみたいだけど。ですから、専業農家という形はありえないですね。今は憧れもないし、業種を狭める年齢でもない、と思っていますから」

休日、子どもと森へ

現在は8時ぐらいに起きて、家族で朝食をとったあと、息子さんを保育園まで送って行く。そのあとは仕事に応じて、ガスの仕事がある時はガスの仕事をし、なければ畑へと向かう。国有林の管理の仕事は、週に1回くらい。

家族を一番に考えながら、やりたかった農業も続けられる母島は、橋本さんにとって理想の地といえるのかもしれない。

島民の足

小笠原海運（株）

小笠原海運株式会社は、1973（昭和48）年から東京と小笠原諸島父島の間に定期船を運航させている（それ以前の68～72年は、東京都の傭船として東海汽船［株］の船が運航）。

◉「おがさわら丸」

現在の「おがさわら丸」は、97年から就航している2代目で、総トン数は6700トン、旅客定員は1043名。島民には「おが丸」の愛称で親しまれている。島民や観光客の輸送機関として、東京港竹芝桟橋と父島二見港の間をゴールデンウィークなど観光客が増える時期を除いて、基本的には週に1往復、25時間半で結んでいる。

船は旅客だけでなく、食料品や生活必需品、建設資材、自動車、電柱、漁船やプレジャーボートにいたるまで、島で必要なありとあらゆるものを運搬している。太平洋上には途中、避難するところがないため、運航については常に安全な航海を心がけている。

◉充実した船内

東京からの距離がある小笠原航路では、船内にいる時間も長くなるため、乗客に船内でできるだけ快適に過ごしてもらおうという考えがあり、おがさわら丸の船内設備はかなり充実している。豊富なメニューを揃えた船内レストランや喫茶室、売店、海が見渡せるラウンジやチルドレンルーム、カラオケやビデオライブラリーなどの娯楽施設など、退屈しないための設備に加え、シャワールームは各デッキに完備されている。希望により、航行中の操舵室や機関室の見学も受け付けている。頻繁に往復するならば、船内の設備を知っていたほうがより、快適に過ごすことができるだろう。

船内は指定制になっている。2等船室の場合、乗船手続き時に番号が書かれた札を受け取る。同じ番号が書かれたところが自分の場所となる。乗船時に係員が案内してくれる。毛布や枕はそれぞれの船室に用意されている。

乗船後、乗客の状況などによってデッキを開放するアナウンスがある場合は、番号に関係なく開放されたデッキ

父島、二見港に停泊する「おがさわら丸」、次頁も

に移ることもできる。女性客専用の「レディースルーム」が用意されているのもうれしい配慮だ。

◉チケットなど

東京から父島に着いた船はそのまま港に係留し、着いた日を含め父島の港に3泊し東京に戻るというスケジュール（観光シーズンではすぐに出港）。詳しい運航日については、ホームページや東京、父島の営業所で確認してほしい。

チケットは、営業所やインターネットでの予約も受け付けている。ゴールデンウィークや夏休み、年末年始などは込み合うため、早めの予約が必要だ。

チケットを購入後、乗船時には、乗船名簿に書き込む。港には出港時間の60分前までには行くようにしたい。

東京竹芝桟橋出港は午前10時。ここ

から小笠原父島までは丸1日以上の長い航海になるが、天気が良ければ景色を楽しみながらの船旅となる。船は出港後、午後1時ぐらいに東京湾を出て、そのあとは日が暮れるまで伊豆諸島の島々を遠めに眺めながら進む。八丈島沖通過は午後6時前後。翌朝には小笠原諸島最北端にあたる「聟島列島（ケータ）」に差し掛かる。父島入港は午前11時半。港では大勢の島の人が船を出迎える。

小笠原海運では定期運航以外にツアーも行なっており、ザトウクジラやアホウドリなど小笠原の貴重な動物を観察するツアーや硫黄島へのクルーズなど、東京からだけでなく父島からの乗船も可能だ。小笠原の自然を楽しみたい人は、ぜひ参加してほしい。

◉料金

料金は、大人片道2等で2万2000円台～2万7000円台ほど。月によって変わる。小笠原の住民は島民割引で25%オフになる。

また、小笠原海運では常時ではないが「ホテルシップ」というユニークなサービスを実施している。これは、おがさわら丸が小笠原の港に停泊している間、宿泊所として船室を提供するというもの。値段は2等船室利用、1泊2食付きで5500円。下見などで訪れた際は利用してみるといい。

小笠原海運（株）ホームページ
http://www.ogasawarakaiun.co.jp/
チケット予約電話番号
東京　03-3451-5171
父島　04998-2-2111

変わる小笠原／変わらない小笠原

ここ数年で小笠原が変わったか？と言われれば、基本的なことはほとんど変わっていない、と言えるだろう。

大きなニュースでいうと、ご存知のとおり、ユネスコの世界自然遺産への登録がある。また、海底光ケーブルが設置されたことにより、インターネット環境が改善されたり、島のケーブルテレビでいち早く地上波デジタル放送が観られるようになったこともある。

細かいところでいうと、ガソリン代が以前より多少下がった。島の道路や遊歩道、公園などが整備され、観光施設や宿泊施設のリニューアルなどもあって、全体的にきれいにはなった。

しかし、島の暮らしそのものはあまり大きくは変わってないように思う。

ということもあって、２００４年刊行の本に登場していただいた方々は現在も小笠原暮らしを続けていて、記事内容を変える必要はなかった。

一方で、小笠原の知名度は確実にアップし、テレビや雑誌などで取り上げられる機会も増え、インターネットでの情報発信も以前よりはるかに増えた。これは小笠原が変わったというより、小笠原を取り巻く環境が変化したということのほうが大きい。たとえば以前にはなかった Twitter や Facebook といったＳＮＳやスマートフォンなどの普及も大きく関係している。

そのため、小笠原の今の状況やその日の出来事、自分の知りたいことや移住するために必要な情報などが以前より入手しやすくはなったとはいえる。しかし、これをもって「小笠原は変わった」とはいえないだろう。

今後、もし島が大きく変わることになるとしたら、それはやはり、島へのアクセスが変わるときということになるだろう。

現在でも緊急の患者など、島の診療所では対応できない場合は自衛隊の飛行艇を使って島外へ搬送しているが、島に飛行場を建設するという話は以前から出ている。

特に以前計画があり、実際に建造した超高速船テクノスーパーライナーが、燃料費などの問題から、その就航を取りやめて以来、再び空港建設を求める

父島の砂浜

声が上がるようになり、既にいくつかの案が挙がっている。

もし、今後、小笠原に空港が建設されるとなると、当然島を訪れる観光客も増え、大手の企業によるリゾート開発などもありうる。

国立公園、そしてユネスコの世界自然遺産の島について、自然環境を変えてしまうような大規模な開発は許されないだろうが、それでも人の増加による環境への影響は避けられないだろう。

小笠原の人口は、21世紀になってから一時減少したことはあったが、全体としてはつねに増加傾向にある。

小笠原では、世界遺産に登録される前から人々の居住区と森などの自然環境が明確に分けられてきた。住宅が島の一部に固まっているのは、そのためだ。

多くの土地が国有地であることに加え、集落以外に下水道の設備はなく、新たに設置するためにはかなりの工事費がかかるといったことが新しい居住地の出現を抑えてきた。そうすることにより、豊かな自然環境を守ってきたわけだ。

しかし、知名度が上がったことにより、更に人口が増加する可能性もでてきた。今後、島に住む人が増えてくると、居住区と自然の分離はうまくいくだろうか。

自然保護と利便性や観光との調和は、これからの小笠原にとって大きな課題であることは間違いない。

父島にて　山羊

母島にて　戦争の痕跡

[写真と文]
川口正志（かわぐち・まさし）
1963年東京生まれ。人々の生活や暮らしをテーマに撮影＆取材を行なうフリーカメラマン。95年より東南アジア、ラオスの人びとの写真を撮り続けており、『地球の歩き方　ラオス』（ダイヤモンドビッグ社刊）の取材、写真撮影、コラムなども担当。『ラオス概説』『ラオスの開発と国際援助』（ともに㈱めこん刊）には表紙を含めラオスの写真を提供している。実家は東京都八丈島で、在島時には地元の新聞に島の暮らしを綴ったフォトエッセイを約1年間にわたり掲載。

本文DTP制作………勝澤節子
協力……小笠原海運㈱、小笠原村役場、東京都小笠原支庁、ウエスト
※本書は同著者の『島で暮らしたい！』（2004年5月彩流社刊）を再編集したものです。

小笠原で暮らしたい！
世界遺産の島でスローライフを実現する本

発行日❖2011年8月31日　初版第1刷

著者
川口正志
発行者
杉山尚次
発行所
株式会社言視舎
東京都千代田区富士見2-2-2 〒102-0071
電話 03-3234-5997　FAX 03-3234-5957
http://www.s-pn.jp/
装丁
山田英春
印刷・製本
㈱厚徳社

ISBN978-4-905369-10-3 C0036